„Fußball ist nur schön, wenn du hinterher einen Verband hast und nicht
nach zehn Minuten gefönt bist.“

**Klaus Augentaler**

„Im Fußballspiel steckt auch Zärtlich-
keit. Man muss den Ball so mit den
Füßen streicheln, dass er im Netz des
Gegners landet.“

**Pelé**

# Rainer Imm

# Bolzplatz
## Das Buch

Bibliografische Informationen der Deutschen Nationalbibliothek
Die Deutsche Nationalbibliothek verzeichnet diese
Publikation in der Deutschen Nationalbibliografie;
detaillierte bibliografische Daten sind im Internet über
http://dnb.d-nb.de abrufbar.

ISBN: 978-3-95894-006-2 (Print) / 978-3-95894-007-9 (E-Book)

© Copyright: Omnino-Verlag, Berlin / 2015

Zeichnungen: Sepp Buchegger



Impressum

# Inhalt

## Vorwort
## von Guido Buchwald

Meine sportlichen Wurzeln liegen in den Jugend-
mannschaften meiner Heimat – einerseits. Anderer-
seits aber auch auf ihren Bolzplätzen. Dort habe ich
dieselben Erfahrungen gemacht wie Zico, der Regis-
seur der Seleção Brasileira der siebziger und achtziger
Jahre: „Straßenfußball war keine Verpflichtung, kein
Druck, kein Geld. Es ist purer Fußball." Spieler wie
Pelé, Maradona, Beckham, Scholl, Podolski und auch
Reus könnten seine Aussage sicher unterschreiben:
„Durch Straßenfußball bin der geworden, der ich bin."
Tatsächlich gibt er dir Reflexe, kreative Freiheit, lehrt
dich zu improvisieren, Lücken zu schaffen, Laufweg zu
begreifen und Tore zu machen.

Parallel zu der hervorragenden (Nachwuchs-)Arbeit
der Verbände und Vereine, die auch ich genossen habe
und die schließlich die Grundlage des Erfolgs des
deutschen Fußballs ist, existiert nach wie vor der Stra-
ßen- und Freizeitfußball – intensiver denn je! Und das
ist gut so. Was wäre die Fußballwelt ohne diese begeisterten Hobbykicker, die Woche für Woche bei Wind
und Wetter die Kickschuhe schnüren und auf meist
holprigen Plätzen ihrer Leidenschaft nachgehen?

Zahlenmäßig sind die Freizeitkicker den organi-
sierten Fußballspielern sogar überlegen. Gut, dass sie
mit dem „Bolzplatz" ein Forum haben. Die Kolumne
lebt von den sehr unterschiedlichen Protagonisten, von
den sachkundig behandelten Fußballthemen und vom
Humor. Ich bin Fan!

Guido „Diego“ Buchwald ist Fußballweltmeister und zweimaliger Deutscher Meister. Er gilt als einer der besten Innenverteidiger der Geschichte. Nach seinem Karriereende als Spieler war er Sportdirektor, Präsidiumsmitglied und Trainer, unter anderem „Trainer des Jahres 2006“ in Japan.

Den Namen „Diego“ bekam er nicht nur, weil er Diego Maradona im WM-Endspiel 1990 keinen Stich ließ, sondern auch wegen des Achtelfinales gegen die Niederlande, als er nach Übersteiger á la Maradona mit einer Flanke das 1:0 von Jürgen Klinsmann eingeleitet hatte.

# Freizeit, Fußball
und der ganze Rest

*Titel, Tore und Tabellen – darum dreht sich die klassische Fußball-Berichterstattung. Doch gekickt wird nicht nur im Verein. Die neue TAGBLATT-Kolumne „Bolzplatz" geht dahin, wo es manchmal auch weh tut.*

Sie kicken keine zehn Jahre und sind dann reich, sondern ihr ganzes Leben und zahlen drauf. Sie sind keine Fußballdiven auf Rasenteppich, ihr Zuhause ist der Wiesenacker hinterm Freibad und der Hartplatz, der sich als Kunstrasen tarnt. Kein Müller-Wohlfahrt wirkt Wunder an ihren lädierten Muskeln und kein Betreuer schraubt ihre Stollen auf. Sie reiben ihr Finalgon selbst ein und das Wort „Winterpause" kennen sie gar nicht. Freizeitfußballer sind die wahren Helden.

In der Bundesrepublik sollen es doppelt so viele sein wie gemeldete Mitglieder beim Deutschen Fußball-Bund (DFB) - geschätzte dreizehn Millionen! Sie lieben es ungezwungen und verzichten gerne auf die festen Strukturen eines Vereins. Gerade das vermeintlich Unorganisierte sorgt für den großen Zulauf. Sie brauchen keinen Trainer, der sie um den Platz scheucht, der ihnen den vorabendlichen Weizenbiergenuss verbietet oder der sie wegen ihres fortgeschrittenen Alters aussortiert. Und auf das pflichtgemäße Schütteln von Funktionärshänden können sie auch verzichten.

Dem Ernst der Sache tut das keinen Abbruch. Hier wird mit vollem Elan und Einsatz Fußball gespielt. Nicht umsonst klären im Internet Hobbykicker-Portale darüber auf, ob Krankenkassen auch den Bereich Freizeitfußball abdecken.

Regeln gelten hier genauso wie bei „den Großen", aus Mangel an Schiedsrichtern freilich mit Ausnahmen.

Keine Zuschauer, keine Fans, dafür aber Maulwurfhugel.

Auch in Sachen Taktik sind die Freizeitkicker nicht von gestern. Auch bei ihnen heißt es schon mal: „Wir müssen den Gegner hoch anpressen und auf Kante spielen." Manchmal allerdings gehen Anspruch und (Fernseh-) Wirklichkeit zuweilen dramatisch auseinander.

Anders als die Verbandssportler, kickt der Hobbyfußballer vor leeren Rängen. Keine Zuschauer, keine Fans skandieren seinen Namen. Auch nicht, wenn er den genialen Pass in die Tiefe des Raumes spielt.

Und trotzdem schnürt er regelmäßig jede verdammte Woche seine Kickstiefel - bei Dürre, Hitze, Schnee, Regen oder Eis. Genau wie im richtigen Leben liegt auch hier die Wahrheit auf dem (Bolz-)Platz. Dort und auch in der Kabine - wenn vorhanden - werden die großen und kleinen Themen des Fußballs, der Gesellschaft, ja vielleicht sogar der Menschheit bearbeitet. Ganz nach Bill Shankly, dem legendären Trainer des FC Liverpool: „Einige Leute halten Fußball für einen Kampf auf Leben und Tod. Ich mag diese Einstellung nicht. Ich versichere Ihnen, dass es weit ernster ist."

Argumente genug, dem Freizeitfußball einen festen Platz einzuräumen und eine eigene Kolumne zu widmen. Alle vierzehn Tage lesen Sie hier über Fußballwahrheiten und Lebensweisheiten.

# AC Vorschuss!
# Präsidiale Basisdemokratie

*Präsident wird man, indem man Verantwortung für die wichtigsten organisatorischen Dinge übernimmt – nicht nur beim AC Vorschuss.*

Es ist ja nicht nur Fußball, was Freizeitkicker im Allgemeinen und die Hobby-Fußballspieler des AC Vorschuss seit 1979 im Besonderen jede Woche aufs Neue praktizieren. Es ist viel mehr! Dieser Fußballabend, der in all den Jahren nur dreimal ausfallen musste (Sturm Lothar, defektes Flutlicht, abgefräster Rasen), ist immer wieder eine Schule fürs Leben. Fast möchte man behaupten, er bietet das Freilicht-Labor für einen neuen Lebensentwurf. Wie eine Insel im Ozean der Abzocker-Haie zeigen die Hobbykicker eine bessere Welt auf. Eine Welt, die konsequent basisdemokratisch und frei von Hierarchien ist. Bakunin, Chomsky, Durruti, Sacco und Vanzetti hätten ihre wahre Freude daran. Obwohl! Eine Ausnahme gibt es doch. In letzter Instanz entscheidet bei der AC Vorschuss immer der Präsident. Ein von den Mitspielern verliehener Titel, den der frühere Zahnarzt Günter Rau (67) seit vielen Jahren trägt.

Ein Beispiel: Aus Ermangelung eines Schiedsrichters herrscht die eindeutige Regel, dass bei einem vermeintlichen Foul ausschließlich der Leidtragende auf Freistoß entscheiden darf. Natürlich gehen trotz der klaren Vereinbarung die Meinungen oft weit auseinander. Wenn also eine Einigung in weite Netzer-Pass-Ferne rückt, aber noch bevor körperlich argumentiert wird, greift der Präsident ein und spricht ein Machtwort im Sinne von Dieter Hildebrandt: „Dem Schiedsrichter zu widersprechen, das ist, als ob man in der Kir-

Das Wappen des AC Vorschuss.

che aufsteht und eine Diskussion verlangt." So gesehen herrscht also eine Art präsidiale Basisdemokratie. Das hat AC Vorschuss mit der FIFA gemeinsam. Mehr aber auch nicht. Während Sepp Blatter bestechlich und nur auf seinem Vorteil aus sein soll, ist der AC-Vorschuss-Präsident charakterfest, zuverlässig und wäscht regelmäßig die roten und gelben Leible.

Präsident wird man, indem man Verantwortung für die wichtigsten organisatorischen Dinge übernimmt. Typisch bescheiden und völlig unzutreffend bezeichnet Rau sich selbst als Zeugwart. Das ist mehr als tief gestapelt, obwohl er stets für zwei Paar Torwarthandschuhe sorgt, den weißen Sommer- und den roten Winterball kauft, die Zu-spät-Kommer in den Senkel stellt und sich vom Platzwart für Vergehen seiner Sportkameraden beschimpfen lässt. Dann, wenn sie mal wieder die tragbaren Tore nicht weggestellt, die Duschen geflutet oder dem edlen Bier-Spender bei offenem Kabinenfenster zu laut sein Trullala gesungen hatten.

Um den Anforderungen gerecht zu werden, beschäftigt er einen Assistenten, der delegierte Verantwortungen übernimmt, wie zum Beispiel das Tragen der Leible auf den Platz und das Einsammeln derselben nach dem Spiel in die richtigen, dafür vorgesehenen Stoff-Tragetaschen. In Vertretung lässt auch der sich gerne mal vom Platzwart die Leviten lesen, falls Rau im Urlaub weilt oder krank das Bett hütet. Als Kronprinz und zukünftiger Präsident, wird er auf diese Weise behutsam aber effektiv an die verantwortungsvollen Aufgaben herangeführt.

Obwohl Günter Rau nicht zu den Gründungsvätern zählt - er ist erst seit 25 Jahren bei AC Vorschuss, darf er das Präsidenten-Amt ausüben. Schließlich macht er seine Sache so gut, dass ihm von seinen Fußballkameraden bereits jetzt ein Titel auch für die Zeit nach seiner Amtsperiode verliehen wurde. Auf einem Messingschildchen, das der Assistent vor jedem Spiel über den Kleiderhaken des Präsidenten festklettet, steht: „Ehren-Präsident auf Lebenszeit und danach".

## Kommune Arbeitskreis KAK!
## Nicht reden, einfach machen

*Fußball bildet: Das beweisen die Tübinger KAK-Kicker,
die seit vierzig Jahren ohne Abseits glücklich sind. Ganz im
Sinne von Jean Paul Sartre.*

Hennes Weisweiler definierte die Abseitsregel mit
Hilfe von Günter Netzer ganz eigenwillig: „Abseits ist,
wenn das lange Arschloch wieder mal den Ball zu spät
abgespielt hat." Keine Frage, dass jeder einzelne Freizeitkicker die Abseitsregel kennt. Logisch! Trotzdem
ist sie fast durchweg außer Kraft gesetzt. Da scheren
sich die Hobbyfußballer ganz respektlos einfach mal
nicht um FIFA-Vorgaben und nehmen Rücksicht auf
die Vollschlanken, die alt- oder frisch-operierten Knie-
patienten und auf Spieler „mit Rücken".

Und obwohl Kicker der Schwergewichtsklasse oder
der extrem kurzen Wege die Regelaussetzung scham-
los ausnutzen und dem gegnerischen Torwart oft auf
den Füßen stehen, kommt doch fast immer ein schönes
Fußballspiel zustande. Richtiges Kicken und Empathie
schließen sich also nicht aus.

Manchmal werden sogar eigene Regeln erfunden,
damit auch Fußballbegeisterte mit Handicap mitspielen können. Bei der Tübinger KAK (Kommune
Arbeitskreis), die in diesem Jahr ihr vierzigjähriges (!)
Bestehen feiert, „schoss" lange Jahre ein Gehbehinder-
ter als Stürmer seine Tore zuweilen mit der Hand. Ihm
wurde das von den Mitkickern ausdrücklich erlaubt.
Genauso wie ihm gestattet wurde, sich dauerhaft neben
dem gegnerischen Tor zu platzieren – entgegen allen
Abseitsregeln dieser Fußballwelt. Und ganz sicher hätte
sogar Weisweiler in diesem Fall nichts einzuwenden
gehabt.

Die Freizeitfußballer sind auch in Sachen Toleranz vorne, ohne von oben verordneten Toleranz-Aktionen der Verbände wie abgelesene Kurzansprachen der Spielführer vor Länderspielen oder abstruse Bekenntnisse von Trainern wie Christoph Daum: „Mir ist es egal, ob es ein Brasilianer, Pole, Kroate, Norddeutscher oder Süddeutscher ist. Die Leistung entscheidet, nicht irgendeine Blutgruppe."

Freizeitkicker schwingen keine großen Reden, die machen einfach. Menschen aller Hautfarben spielen gemeinsam Fußball – ganz ohne angepöbelt zu werden. Auch dafür ist KAK das beste Beispiel. Oft spielen Kicker aus Ländern, die Kriegsgegner oder Erzfeinde waren, zusammen in einer Mannschaft – ohne Probleme.

„Und wenn es doch welche gibt, dann werden sie noch auf dem Platz gelöst. Oder beim Bier danach", sagt Fixl Braun, der 63-jährge Grand Seigneur der KAK. „Bei uns geht es natürlich zuallererst ums Kicken. Nicht viel weniger wichtig sind uns aber auch Fairplay, Toleranz und der geschützte Rahmen." Und Braun, der in der Tropenklinik Paul-Lechler-Krankenhaus in der Verwaltung arbeitet, ergänzt: „Wie übrigens auch bei den jährlich drei bis vier Turnieren, an denen wir mitkicken." Bis vor kurzem hatte der Tübinger noch die „Ewige KAK-Liste" geführt, in der nicht nur sämtlich Spielergebnisse über vier Jahrzehnte hinweg aufgeführt sind, sondern akribisch auch die jeweiligen Kicker, die sich jeden Sonntagnachmittag hinterm Freibad treffen.

Arbeiter, Akademiker, Frauen, Männer, Junge, Alte und sogar Badener werden nicht nur bei der KAK problemlos integriert. Das hatte Jean-Paul Sartre sicher im Sinn, als er meinte, dass er alles, was er über das Leben wisse, auf dem Fußballplatz gelernt habe.

Der Spieltheoretiker hat das Wort:

Also Jungs, wir wollen nun eine Tätigkeit ausüben, die keinen unmittelbaren Bezug zum Ernstverhalten hat, gleichermaßen durch Ungewissheit und Unwirklichkeit sich auszeichnet und doch auch vom schöpferischen Moment lebt – lasst uns Kicken!

# Mehmed Scholl!
# Mein lieber Scholli

*Lange stach er positiv aus der Reihe der Fußball-Kommentatoren heraus. Doch das ist nun vorbei. Warum die Freizeitkicker der Republik Mehmet Scholl nicht mehr abkönnen, erklärt die heutige „Bolzplatz"-Kolumne.*

Mensch Mehmet Scholl, bis vor kurzem warst du noch mein Held der Kommentatoren und Fußball-Experten. Ragtest trotz geringer Körpergröße heraus aus der Garde der Sportschwafler. Die sich Woche für Woche in ihrer Niveaulosigkeit unterbieten: „Ich schlage vor, Sie halten sich jetzt die Augen zu. Ich sage nämlich jetzt die Bundesliga-Ergebnisse" (Johannes B. Kerner). „Die erste Halbzeit zerfiel in zwei Halbzeiten - die erste dominierte Rumänien, die zweite Rumänien" (Michael Steinbrecher).

Natürlich wird auch bei den Freizeitkickern gelobt, geschimpft und analysiert - schon während des Spiels und erst recht danach in der „Kabeene". Und obwohl Oberlehrer mitkicken, klingt das nie so plump und staatstragend wie zum Beispiel bei Oli Kahn. Wie Loddar, nur zwei Gänge langsamer, hält er den Ball flach und beglückt uns mit Binsenweisheiten und Gemeinplätze. So ist auch er ein wunderbares Objekt des Fremdschämens. Seine kongeniale Partnerin Katrin Müller-Hohenstein (KMH) setzt noch einen drauf und darf ungestraft solche Dinge absondern wie „Mario Klose" oder „Puhdscholl". Gemeinsam verbreiten sie prickelnde „Fernsehgarten-Atmosphäre", so als würden sie immer noch am ZDF-Fußballstrand auf Usedom stehen. Nicht, dass wir dem Titanen Schlechtes wünschen würden, aber seine „Pressweh-Analysen" und sein „Plattitüden-Rausgequatsche" (FAS, 24. März 2013) hatte wirklich keiner vermisst, als letztens Michael Ballack für ihn eingesprungen war. Wohltuend, wie wunderbar locker der Capitano plauderte, in Kloppo-Manier analysierte und KMHs rhetorische Fehlpässe ins Aus laufen ließ.

Und jetzt, Mehmet, verdirbst du alles. Begibst auch du dich in unterste Kommentatoren-Schubladen. Du hattest doch die Fahne der so genannten Fußball-Experten immer hoch gehalten mit Humor, Witz und gehaltvollen Darlegungen. Übrigens eine beachtliche Leistung neben Reinhold Beckmann, der Kapazität für Kryptisches („Die Franzosen sind ja gute Engländer geworden").

Plötzlich lässt du dich zu unüberlegten, arroganten Formulierungen hinreißen: „Da denkt ein Freizeitfußballer der Beinschuss vor dem Torschuss sei ein Zufall!" Ja, was denn? Meinst du denn wirklich, dass wir, nur weil wir nicht über die diametral abkippende Sechs diskutieren, kein Spiel lesen, nicht antizipieren, präjudizieren und divergieren könnten? Mein lieber Scholli, der Beinschuss gehört bei uns Freizeitkickern quasi zum täglich Brot. Wir haben im Gegensatz zu euch Null-Risiko-Kickern Frustrationstoleranz und probieren Dinge einfach mal aus. Wo die Nationalmannschaft gegen Gegner wie Kasachstan noch horizontal den Ball hin und herschiebt, öffnet der Freizeitfußballer schon längst das Spiel mit einem mutigen vertikalen Pass vors Tor. Und aufgepasst Mehmet: Manchmal geht dabei ein bewusster Beinschuss voraus.

Welch' schöne Zeiten, als noch Jürgen Klopp kompetent Spielsysteme und Taktiken als ZDF-Experte erklärte, ohne dreizehn Millionen Freizeitkicker abkanzeln zu müssen. Dass er sich mit uns identifiziert, wohl nicht zuletzt wegen seiner Bolzplatz-Vergangenheit daheim in Glatten im Schwarzwald, beweist auch sein Käppi mit der Aufschrift „Pöhler", so nennt der Dortmunder einen Straßenfußballer!

# Terra Rossa!
## Bauchmuskeln, Hammer und Sichel

*Kicken ist immer auch politisch: Zumindest bei den Tübinger Hobbykickern von Terra Rossa, die seit ihrer Gründung 1981 Hammer und Sichel auf dem Trikot tragen.*

Ob der legendäre Trainer Dettmar Cramer mit seiner fast schon philosophischen Aussage den Zusammenhang von Fußball und Politik in Sinn hatte, ist nicht überliefert: „Es hängt alles irgendwo zusammen. Sie können sich am Hintern ein Haar ausreißen, dann tränt das Auge." Tatsächlich hat die Verbindung von Beginn an bestanden. Schon in der Kaiserzeit wurde der Fußball vom Militär wegen seiner positiven Auswirkung auf die Disziplin der Soldaten instrumentalisiert und nicht wenige Exerzierplätze wurden zu Fußballfeldern umfunktioniert.

Natürlich „ist schon lange Schnee drüber gewachsen" (Andreas Brehme), trotzdem reicht die Verkettung bis in die Gegenwart. So lässt es sich unsere Bundeskanzlerin nicht nehmen, bei wichtigen Spielen persönlich im Stadion anwesend zu sein und vor Begeisterung die Ärmchen zu wedeln.

Auch bei der Gründung der Tübinger Freizeitkicker Terra Rossa spielte Politik eine Rolle. Der Name entstand in Anlehnung an das alte Dortmunder Stadion „Kampfbahn Rote Erde" und sollte ganz bewusst die Verbindung von Politik und Fußball ausdrücken. Schließlich ist die Truppe aus der Fachschaft Geographie heraus im Jahr 1981 entstanden. In einer Zeit, in der man in rosa Latzhosen gemeinsam mit Heinrich Böll und Walter Jens in Mutlangen blockierte und in Engstingen demonstrierte.

„Vom politischen Anspruch der Gründerzeit ist nur noch das Trikot übrig", sagt Michael Weiß (56), einer

Das Terra Rossa Logo: mit Hammer und Sichel.

der von Anfang an dabei war. „Rot mit Hammer und Sichel! Statt Größe M jetzt allerdings XXL mit mehr Platz für die über die Jahre gewachsenen Bauchmuskeln."

Zählt man die zeitweise mitspielenden Söhne und Studenten mit, umfasst der Spielerkader inzwischen rund zwanzig Hobbyfußballer, vier davon sind Kicker der ersten Stunde.

Anlass der Gründung war damals das Fußballturnier der Universität. Noch heute sind sie beim Turnier dabei und halten es mit Michael Ballack „Keiner verliert ungern". Obwohl das Killer-Gen nicht mehr ganz so aktiv ist, erwacht bei den Routiniers die viel beschriebene Gier, wenn es darum geht, Turniere zu gewinnen. „Den Kommando Cup in Lustnau konnten wir schon öfters abräumen", sagt Weiß stolz. Das Turnier, das von den Freizeitfußballern „Kommando Horst Hrubesch" seit vielen Jahren organisiert und durchgeführt wird, genießt einen legendären Ruf in der Szene.

Wenn sie sich dienstags beim Sportinstitut treffen, gehe es ihnen allerdings nicht vorrangig ums Gewinnen, betont Weiß, der Geographie und Stadtentwicklung studiert hat und seinen Lebensunterhalt mit Baubetreuungen privater Gemeinschaften verdient. „Heute ist uns wichtiger, schön und gut zusammenzuspielen." Da sind die Kicker von Terra Rossa ganz auf der Linie von Christian Streich, dem etwas anderen Trainer des SC Freiburg.

Auch er definiert Erfolg beim Fußballspielen ganz unkonventionell über die Qualität und den dabei einsetzenden Empfindungen: „Erfolg ist ein warmes Gefühl im Bauch." Und genau dieses Gefühl stellt sich weniger durch aggressives Kicken ein, als durch den gelungenen Doppelpass, die fußgenaue Torvorlage und auch durch das gemeinsame Bier hinterher im „Afrika" in der Tübinger Schlachthausstraße. Dass das Getränk kalt ist und dass da auch mal über Politik diskutiert wird, tut dem warmen Bauchgefühl keinen Abbruch. Ganz im Gegenteil!

## Kommando Horst Hrubesch!
## Nur ein Wort: Vielen Dank!

*Wer über die Tübinger Freizeitkicker-Szene spricht, kommt an diesem Team nicht vorbei: Das „Kommando Horst Hrubesch" besticht mit Blutgrätschen, Dreadlocks und guter Musik.*

Horst Hrubesch wurde schon immer unterschätzt. So mussten solche Aussagen wie „Felix die Kirsche zu Manni, Manni Banane, ich Birne - Tor" als Beweis für die geistige Harmlosigkeit von Fußballern herhalten. Grober Unfug, denn in Wirklichkeit ist das die hohe Kunst des anschaulichen Zusammenfassens. Eine Kunst, die sich modifiziert auch in anderen Zitaten findet: „Ich brauche nur dieses eine Wort zu sagen ‚Vielen Dank'".

Und wenn man seine Karriere und sein Leben „nochmals Paroli laufen lässt", dann wird schnell deutlich, dass er als spielendes Kopfball-Ungeheuer und als charismatischer DFB- Trainer nicht nur erfolgreich, sondern auch sehr beliebt war und immer noch ist. Immerhin wurde er 2008 mit der U19 und ein Jahr später mit der U21 Europameister.

Ganz zu schweigen von seiner Vielseitigkeit, so ist er Autor des Klassikers „Dorschangeln mit Horst Hrubesch" und er ist Erster Vorsitzender der IG Edelbluthaflinger e.V. in Roßhaupten. Hrubesch taugte also sehr wohl als Vorbild und erst recht als Pate für eine Truppe Freizeitkicker. Als es für einige Exil-Hohenloher im Jahr 1993 darum ging, einen passenden Namen zu finden, erinnerten sie sich an seinen Kampfeswillen, seine tadellose Einstellung und das Gerücht, dass er jeden Tag dreihundert Kopfbälle am Pendel trainiert haben soll.

Das alles hatte sie derart beeindruckt, dass sie sich „Kommando Horst Hrubesch" nannten. Die damaligen

Das Logo von Kommando Horst Hrubesch.

Bewohner der Wagenburg wollten an einem Turnier in der Heimat teilnehmen und formierten sich als Mannschaft. Später dann stießen Studenten des selbstverwalteten Wohnheims in der Münzgasse 13 hinzu. Auch nach zwanzig Jahren laufen alle Fäden in dem Gebäude zusammen, an dem das Schild „Hier kotzte Goethe" prangt. Richard van Ess (41) hat die Fäden in der Hand und damit auch die Geschicke des Kommandos. Er arbeitet beim Freien Radio Wüste Welle Tübingen und bei einer Reutlinger Umzugsspedition, wie einige Gründungsmitglieder auch.

Sport spielte für van Ess schon immer eine große Rolle. Er ist seit frühester Jugend Fuß- und Basketballer, war Trainer und praktiziert beide Sportarten noch heute mindestens dreimal pro Woche. Obwohl er in den 1990ern mit einer anderen Mannschaft gegen das Kommando haushoch gewonnen hatte, war ihm klar, dass er so schnell als möglich zu dieser Truppe wechseln würde. Van Ess: „Beim Kommando steht Freundschaft an erster Stelle. Das hat mich von Beginn an beeindruckt. Wir sind Freunde, die auch noch kicken, nicht umgekehrt. Nach wie vor unternehmen wir sehr viel gemeinsam außerhalb des Fußballplatzes."

Dass sie die gleiche Musik begeistert, begünstigt das Ganze. Schon damals legten einige Kicker als DJs die Musik der 1960er Jahre auf, Surfmusik und Reggae. Zuweilen wurden sie wegen ihrer Dreadlocks und der üppigen Haarpracht bei Turnieren „die Kelly Family" genannt, unter anderem auch bei der „Mondiali Antirazzisti", die auch dieses Jahr wieder stattfindet, in der Nähe von Bologna.

Selbstverständlich feiern sie auch zusammen. Aus der Geburtstagsfete eines Gründungsmitglieds  im Jahr 1999 wurde  inzwischen eine jährliche Familienfeier, bei der nebenher gekickt und der Kommando Cup ausgespielt wird. „Vor dem Fest richten wir den alten Lustnauer Fußballplatz, der manchmal von Wildschweinen übel zugerichtet ist, zum Feiern her. Und danach räumen wir wieder so auf, dass kein Zigarettenstummel zu finden ist." Das ist für Rich nicht nur wegen der linksalternativen Einstellung des Kommandos eine Selbstverständlichkeit.

## Eine Grußbotschaft von Horst Hrubesch

Horst Hrubesch persönlich hatte vor Jahren mit einer gesprochenen Grußbotschaft für dieses Familienfest die besten Wünsche übermittelt. Sicher gelten diese Wünsche auch für ein ganz besonderes Spektakel: den Blutgrätschenwettbewerb. Auf einer gewässerten Plastikfolie versuchen Teilnehmer mit Anlauf, die perfekte Blutgrätsche an einer drapierten Puppe zu zelebrieren. Musikalisch unterstützt durch die Kommando-Hymne, die von einer schwedischen Musik-Band eigens für die Freizeitkicker komponiert und eingespielt wurde. Die

Der Kommando Cup ist Kult – erst recht der Blutgrätschenwettbewerb.

Wertungen der Jury, in der überwiegend „Spielerfreundinnen" sitzen, reichen von „Ball gespielt" bis hin zu „verblutet".

Um aber keinen falschen Eindruck aufkommen zu lassen, sei betont, dass sowohl bei diesem Turnier, als auch beim wöchentlichen Kicken in der Paul Horn-Arena, mehr als fair gespielt wird – schließlich ist man unter Freunden. Ganz nach dem Vorbild und Namensgeber, der ein leidenschaftlicher, demütiger und vor allem ehrlicher Fußballer war: „Ich habe keine Geheimnisse, höchstens vor meiner Frau."

## Alexander Köberlein!
## Rambo unter Desperados

*Als Sänger der Schwabenrock-Bands „Grachmusikoff" und „Schwoißfuaß" pflegte er auch die harten Töne. Über seinen Stil als Freizeitfußballer sagt der Pfäffinger Alexander Köberlein: „Ästhetik war mir immer wichtig."*

„Oiner isch immer dr Arsch". Das gilt nicht bei den Hobbyfußballern, behauptet Alexander Köberlein (61). Gerade bei den Freizeitkickern werde jeder integriert. Inklusion wurde hier schon praktiziert, bevor der Begriff überhaupt modern wurde.

Neben Musik war schon immer Fußball eine Leidenschaft des besten Schwabenrockers aller Zeiten. Er spielte auch auf dem Höhepunkt seines Erfolgs mit Schwoißfuaß eine wichtige Rolle. Gerade in der Zeit, als die Verkaufszahlen mit 150.000 Langspielplatten innerhalb von zwei Jahren! durch die Decke schossen, kickten er zusammen mit den anderen Musikern, wann und wo es ging. Wenn irgend möglich, wurde nach dem Konzert noch in der Halle gegen die Veranstalter Fußball gespielt.

Schon als Kinder kickten sie für ihr Leben gern: „Georg ond i hend als kloine Kerle so lang aufs Garagentor kickt, bis mr d'Gosch vollkriagt hend." Mit seinem Zwillingsbruder und den Dorfkindern, zwei davon wurden später Bandmitglieder, spielte er dann auf dem Bolzplatz neben der Neubausiedlung weiter. Dass die „Flüchtlingskinder" mitmachten, war gar keine Frage.

Beim FV Bad Schussenried 1921 hat er zwar spät angefangen, dafür aber keine Position ausgelassen – von Torwart über Libero und Spielmacher bis hin zu Stürmer. Im Grunde die beste Schule für einen „erfolgreichen" Freizeitfußballer. Bereits während des Pädagogikstudiums in Reutlingen und als er die ungeliebte Festanstellung eines Realschullehrers schon geschmissen hatte, kickte Alexander Köberlein bei Freizeitkickern in Tübingen mit. Georg war schon länger dabei und hatte ihn in die Truppe eingeführt.

Hier hat Alex Köberlein dann begriffen, was Giovanni Trappatoni mit seiner eigenwilligen Philosophie meinte: „Fußball ist Ding, Dang, Dong. Es gibt nicht nur Ding." Tatsächlich war für Köberlein nie die Anzahl der geschossenen Tore das Maß alle Dinge, ihm ging es viel mehr um das Wie. „Ästhetik war mir immer wichtig", sagt er im ungewohnten Hochdeutsch. Und mit einem Schmunzeln fügt er hinzu: „Gerade bei Fritz-Walter-Wetter, bei aufgeweichtem Rasen und im Dreck ist das hervorragend möglich."

Sein damaliger Spitzname „Rambo" stand im krassen Gegensatz zu seiner feinmotorischen Spielweise. Grund für den Stempel war der Gewichthebergürtel Modell Rambo, der schließlich zu seinem Markenzeichen wurde. Er hatte ihn wegen seiner Rückenprobleme angeschnallt. Auch wenn es nicht immer nötig gewesen wäre, benutzte Köberlein ihn gerne bei Turnieren. „Er war so abschreckend und respekteinflößend, dass ich automatisch mehr Platz im Mittelfeld hatte."

Als Anfang der Achtziger die Verkaufszahlen einbrechen, das Finanzamt sechsstellige Nachzahlungen einfordert und eine Plattenfirma ihn als Solokünstler in ein Alphaville-Image drängen will, kommt Köberlein in eine Identitätskrise. Er spielt weiter Fußball und es tut ihm gut, eingebunden zu sein in eine Gemeinschaft, die mehr ist als nur eine Interessengruppe von zusammengewürfelten Gelegenheitskickern, bei der nur „Freudentaumel ausgetauscht werden" (Roman Weidenfeller).

Mitte der Neunziger Jahre: Alexander Köberlein wartet mit seinem Sohn Janosch auf den Einsatz.

„Für mich war der Fußball schon immer mehr als nur ein Ausgleich. Er war Teil des richtigen Lebens." Es seien die Emotionen, die tiefe Befriedigung nach der Anstrengung, das gemeinsame Essen danach, bei dem auch die Familie dabei war. „Ich habe mich gespürt, wie sonst in keinem anderen Lebensbereich." Und es klingt Wehmut mit, als er lächelnd ergänzt: „Hobbykicker sind einfach Desperados." Seit seinen Bandscheiben-, Herz- und Hüftoperationen kann er leider nicht mehr Fußball spielen. Den Kontakt zu seinen Freizeitkickern hält er trotzdem.

## O'Donovan's Football Team!
## Kicken für kranke Kinder

*Ihr Name ist britisch. Und ihr Stil auch: lang geschlagenen Bällen hinterherrennen – „kick and rush". Am Wochenende organisieren die Freizeitkicker von „O'Donovan's Football Team" ihr neuntes Turnier.*

Halten Sie sich unbedingt Samstag, den 3. August frei. Besorgen Sie sich schon mal alle Utensilien für ein Plakat und überlegen Sie sich einen griffigen Text. Es muss ja nicht gleich die Kategorie eines Bayern-Fans sein: „Schweini, ich will ein Ferkel von dir!" Objekte der Begierde, die Sie lautstark anfeuern oder mit Schildern motivieren können, wird es aber genug geben. Immerhin haben sich inzwischen 21 Freizeit-mannschaften, darunter die besten aus Tübingen, für das Turnier des „O'Donovan's Football Teams" auf dem Kunstrasen des TV Derendingen angemeldet. Es ist bereits das neunte Turnier der Pub-Kameraden, die sich 1994 nach einem Wetz im Alten Botanischen Garten formierten. Engländer und Iren hatten sich damals zum Fußballspielen im Park getroffen und das ehemalige Irish Pub „O'Donovan's" am Schlossberg als „Vereinsheim" auserkoren.

Selbstverständlich will jede Mannschaft beim Turnier möglichst gut abschneiden, doch Hans Krankl wäre mit seiner apart formulierten Einstellung nicht wirklich willkommen: „Wir müssen gewinnen, alles andere ist primär." Und natürlich wird es (freizeit-) fußballerische Leckerbissen geben, was aber noch viel wichtiger ist, sind die Spenden für den Verein „Hilfe für kranke Kinder e.V. der Kinderklinik Tübingen". Aus den vergangenen drei Turnieren „Goals 4 Kids" konnten die Organisatoren Simon Shaw (45) und Georg

Das Objekt der Begierde: O'Donovan's Golden Boot.

Moldovan (47) dem Verein insgesamt sage und schreibe 29.000 Euro überreichen. „Für das diesjährige Turnier haben wir jetzt schon über 7.000 Euro in der Kasse, noch bevor die Kickstiefel überhaupt eingefettet sind", sagt der Jurist Moldovan, der Software für Anwälte vertreibt. Und Shaw, Leiter des Vertriebsteams einer IT-Firma, ergänzt: „Für Geld- und Sachspenden versenden wir Sponsorenbriefe, fragen aber auch bei unseren Arbeitgebern, Bekannten und Freunden nach." Wie sinnvoll und wichtig diese Spenden für die kranken Kinder und deren Familien sind, konnten die Hobbykicker bei einer Einladung des Vereins ins Kinderkrankenhaus sehen.

Viel Arbeit also für die O'Donovan's. So schlimm wie Rudi Völler befürchtet, ist es allerdings nicht: „Ja gut, die arbeiten von morgens bis abends. So was nennt man im Volksmund, glaube ich, Alcoholic." Gerade dann ist die Eigenrealisation umso wichtiger, wenn sie sich montags am Sportinstitut treffen, um zu kicken. Bei schönem Wetter wird zuweilen der Grill am Fuße des Österbergs angefacht und bei mitgebrachter Verpflegung das Spiel analysiert und das Turnier weiterorganisiert. Lässt die Witterung eine Nachbesprechung open air nicht zu, dann sind sie gern gesehene Gäste bei Bruno im Nebenzimmer des Sterns.

Obwohl die Spieler längst nicht mehr nur aus England und Irland kommen, ist die Spielweise der O'Donovan's nach wie vor sehr britisch und von körperlichem Einsatz geprägt. So hätte Bill Shankley, der legendäre Trainer des FC Liverpool, mit seiner Charakterisierung durchaus einen Tübinger Spieler meinen können: „Thommy wurde nicht geboren, sondern aus einem Steinbruch gebrochen."

Natürlich bringen Brasilianer, Deutsche und Spieler aus Afrika neue Kurzpass-Einflüsse mit, Kick-and-Rush bleibt aber die bevorzugte Taktik des Teams. Sicher auch beim Turnier Anfang August. Moldovan und Shaw hoffen auf viel Zuspruch, denn eines ist sicher: Anders als bei Mario Gomez („Das war kein Zuckerbissen für die Fans."), werden die Zuschauer erfüllt nach Hause gehen. Schließlich konnten sie attraktiven Freizeitfußball sehen und karitativ konsumieren. Vom Glück der Spieler ganz zu schweigen: Sie gehen ihrer Leidenschaft nach und tun auch noch Gutes dabei.

# Red Eyes!
# Mit roten Augen Ruhe bewahren

*Tauchurlaub statt Trainingslager, Trikots aus Peru und Tschuk-Tschuk auf dem Kunstrasen am Neckar: Die Tübinger „Red Eyes", oder „Ojos Rojos", haben nicht nur eine spezielle Vorbereitung.*

Die Namen, die sich hobbykickende Mannschaften geben, haben immer einen Bezug zur Sportart – direkt oder indirekt. Nur, welcher rote Teufel reitet Fußballer, die sich „Red Eyes" nennen? Der Physiotherapeut Tim Herzer (33) und der Kinderarzt Tobias Walter (34) lassen sich nicht lange bitten, „krempeln ihre Köpfe hoch und die Ärmel auch" (Lukas Podolski) und klären auf.

Dank Herzers guter Beziehungen durften sie 1999 als einzige Hobbytruppe bei einem Turnier von Vereinsmannschaften in Entringen mitkicken. Während sich Marathonläufer am Vorabend des Wettkampfs die Speicher mithilfe von Nudeln auffüllen, bestand die Vorbereitung der Red Eyes aus herzhaftem Grillgut, schwindelverursachenden „Beilagen" und langen Gesprächen am Lagerfeuer über Technik und Taktik. So kam der Turnierstart noch vor dem Schlaf und als sie bei der Anmeldung einen Mannschaftsnamen nennen sollten, schauten sie sich fragend in die Augen und wussten Bescheid: Red Eyes!

Kurz danach kreierten sie ihr eigenes Emblem: ein Löwe mit leuchtroten Augen. Herzer ließ es später in Peru, wo er für einige Monate arbeitete, auf ihre Trikots sticken: Ojos Rojos! Für Entringen hatten sie sich jedoch etwas Besonderes ausgedacht. Sie waren mit ihren eigens für das Turnier gebatikten T-Shirts die bunten Hunde auf dem Platz, die eher belächelt, als ernst genommen wurden. Zudem machten sie ihrem

Die Red Eyes mit ihren Ojos-Rojos-Trikots.

Mannschaftsnamen alle Ehre. Doch erstens kommt es anders, zweitens als man denkt: Sie wurden Turniersieger und sämtliche Gegner der Red Eyes „mussten den Hut zollen vor ihrer Leistung" (Dieter Hecking).

Ein Grund für den Erfolg war mit Sicherheit die Einstellung, die auch unser Rekordnationalspieler pflegt: „Ein Lothar Matthäus lässt sich nicht von seinem Körper besiegen, ein Lothar Matthäus entscheidet selbst über sein Schicksal." Bestimmt wurden sie auch unterschätzt, so wie der Freizeitfußball insgesamt unterschätzt wird. Denn, obwohl Hobbykicker weder vom Warmmachen, noch von Trainingsformen wirklich begeistert sind, wird oft richtig guter Fußball gespielt. Die Red Eyes nennen es „Tschuk-Tschuk" und meinen schnelles, direktes Passspiel, das sie – wie viele andere Freizeitfußballer auch – in den Jugend- und Aktiven-Mannschaften ihrer Heimatvereine gelernt haben. Sie pflegen es jeden Dienstagabend auf dem städtischen Kunstrasenplatz am Neckar, zusammen mit anderen Hobby-Teams.

Und obwohl auch im Freizeitfußball „die Breite an der Spitze dichter geworden ist" (Berti Vogts), halten die Red Eyes an ihrer speziellen und erfolgreichen Art der Turniervorbereitung fest – immerhin konnten sie damit in den letzten Jahren einige Siege einfahren. Nicht mehr ganz so extrem, die Kneipentour ist jedoch obligatorisch. Dabei gilt, wer das „Abschlusstraining" nicht mitmacht, der spielt auch nicht. Bisher hat tatsächlich noch keiner diese Trainingseinheit boykottiert. Immerhin reisen einige Mitspieler von weit her an, unter anderem von Luzern und dem nordspanischen Cadaqués, der Ort, an dem sie seit Jahren an Pfingsten ihren obligatorischen Tauchurlaub verbringen. Gemeinsame Aktionen und Reisen sind ihnen wichtig, obwohl der kollektive Stadionbesuch der Frankfurt-, Köln-, St. Pauli- und VfB-Fans nicht immer harmonisch verläuft. Das nächste Ziel der Freunde ist die Weltmeisterschaft 2014 in Brasilien. Ob es wirklich klappt und sie an Karten kommen, wissen sie noch nicht. „Wir haben da ein paar Ideen", sagt Walter und ergänzt augenzwinkernd ihr Motto auf und neben dem Platz: „Immer die Ruhe bewahren!"

# Ansgar Thiel!
# Lernen von der „Wilden Liga"

*Der Direktor des Tübinger Instituts für Sportwissenschaft outet sich: Ansgar Thiel ist Fußball-Fan. Das Ergebnis sollte beim Kicken aber nicht im Vordergrund stehen, hat die Wissenschaft festgestellt.*

Ansgar Thiel ist es noch immer ein Rätsel, wie das passieren konnte. Der Direktor des Instituts für Sportwissenschaft (IfS) der Uni Tübingen hatte ausgerechnet am Abend des Champions League Halbfinales einen ausländischen Wissenschaftler zum Begrüßungsessen eingeladen. „Ein grober Fehler, der nicht mehr vorkommen wird." Thiel ist Fußballfan, der auch gerne selbst kickt - im Moment leider viel zu selten. Während seiner Promotionszeit in Bielefeld dagegen sehr ausgiebig. Regelmäßig schnürte er seine Kickstiefel, um in einer Freizeitmannschaft der „Wilden Liga" zu spielen. Eine Liga ausdifferenzierter Strukturen mit Terminen, Tabellen und Spielern, die „mit allen Abwassern gewaschen sind" (Nobert Dickel).

Zu beobachten war, dass mit zunehmender Leistungsorientierung die angeblichen Prinzipien des Freizeitfußballs, wie Spaß, Freundschaft und schönes Spiel, immer mehr auf der Strecke blieben. Je bedeutsamer der Sieg wurde, desto mehr wurde der professionelle Fußball nachgeahmt. Und die so genannten assoziierenden Handlungen wurden weniger wichtig: man kickte nicht nur aggressiver, sondern entschuldigte sich auch seltener und maulte dafür lautstärker. Zuweilen hielt man sich an Rolf Rüssmann: „Falls wir hier nicht gewinnen, dann treten wir ihnen wenigstens den Rasen kaputt." Und wenn bei dieser großen Erfolgsorientierung kein neutraler Schiedsrichter durchgriff, dann reduzierten

Der Direktor des Instituts für Sportwissenschaft (IfS) der Uni Tübingen Ansgar Thiel.

sich die Netto-Spielzeiten um bis zu dreißig Prozent. Einfach deshalb, weil über jedes noch so kleine Foul minutenlang diskutiert wurde.

Die Tübinger Szene der Hobbykicker, so wurde Thiel berichtet, ist anders. Niemand eifert Berufsfußballern nach und trotz allen Ehrgeizes geht es freundschaftlich zu. So ganz entgegen Heiko Herrlichs Überzeugung: „Fußball ist wie in der Natur. Die starken Tiere fressen die schwachen Tiere schnell weg". Und wenn bei lokalen Turnieren Spieler anderer Mannschaften als Unparteiische fungieren, dann völlig unprätentiös und mit der fachlichen Souveränität eines Pierluigi Collinas.

Der IfS-Direktor ist ohne Zweifel ein großer Anhänger des Freizeitfußballs. Nicht zuletzt bewundert er das immense Engagement einzelner Mannschaften, die aufwändige Turniere organisieren und durchführen. „Übrigens ein Engagement, welches sich letzten Endes auszahlt", sagt der Sportwissenschaftler und verweist auf eine Langzeitstudie der University of Michigan. Die Forscher behaupten in der Zeitschrift „Health Psychology": Wer sich ehrenamtlich engagiert, erhöht damit seine Lebenserwartung  - vorausgesetzt dieser Einsatz ist selbstlos. Und weil das Motiv der Kicker, ein Fußballturnier auf die Beine zu stellen, so weit weg ist von Egoismus, wie Loddar von einem Trainerjob in der Bundesliga, kann eigentlich nichts schiefgehen: Mehr Zeit fürs Leben und damit mehr Zeit zum Kicken.

## Odyssee!
## Streitfreudige Maulhelden

*Sie kombinieren italienischen Mauerfußball mit robust-britischer Spielweise. Und analysieren das Ganze in ihrer Skat-Hütte: die Tübinger Freizeitfußballer von „Odyssee".*

Odysseus ist weniger ein strahlender Held, als ein vorbildlicher Charakter. Einer, so der Philosoph Adorno, der sich nicht einfach den Göttern oder dem Schicksal ergibt, sondern erfolgreich ankämpft und damit zum Herrscher über sein eigenes Geschick wird. Mit Neugierde und List meistert er alle Gefahren. So gesehen bringt Odysseus alles mit, um auch ein erfolgreicher Freizeitfußballer zu sein. Das dachten sich wohl befreundete Studenten, als sie im Tübinger Storchen 1983 vor einem Bier saßen und beschlossen, regelmäßig Fußball zu spielen und sich als Mannschaft „Odyssee" zu nennen.

„Nö", sagt Ralf Bertscheit (53), Lehrer an einer Tübinger Grundschule, ganz unromantisch, „den Namen warf jemand in die Runde, ganz ohne Bezug und ohne ideologischen Hintergrund." Damit war bei der Gründung schon klar, was Odyssee bis heute auszeichnet: Sie lieben den Bruch, das Unerwartete und das Nonkonformistische. Und sie lieben Diskussionen. Sie spielen nicht nur mit dem Ball, sondern auch mit dem Mundwerk - beim eigenen Termin dienstags auf den Weilheimer Wiesen, aber auch bei Turnieren auswärts. Dabei schonen sie weder sich selbst, noch andere Mannschaften. Mit ihrer Häme lassen sie kein Fettnäpfchen aus, allerdings kommt es nie so weit, dass „nach dem Spiel die Krämpfe im Gesicht des anderen zu sehen sind" (Pirmin Schwegler). Schließlich geht es darum, eine herausfordernde, mit Bösartigkeiten

In gelben Leibchen und nicht alles real: die Odyssee-Kicker.

gespickte, aber immer respektvolle Streitkultur zu pflegen.

Und die Kickerei selbst? Auch da laufen sie „mit
Sicherheit nicht ins blinde Messer" (Franz Beckenbauer). Catenaccio ist ihre Religion: Hinten dicht und
lange Bälle auf den Alterspräsidenten, der vorne zwar
keine Chance hat, sie aber trotzdem nutzt. Tatsächlich
verwirrt Odyssee als Außenseiter immer wieder ver-
meintliche Favoriten und gewinnt überraschend. „Wir
drängen erbarmungslos dem Gegner unsere Spielweise
auf", erklärt Bertscheit, und mit vorgehaltener Hand
ergänzt er grinsend, „weniger aus technischen oder tak-
tischen Gründen, als vielmehr aufgrund unserer limitierten Fähigkeiten."

Sie sind zwar keine Fußballspieler vor dem Herrn,
an Einsatz mangelt es ihnen aber nie. Auch hier lang-
weilt sie Mittelmaß. Sie lieben den Kampf um den Ball
und sie lieben das körperbetonte Spiel. Dabei könnte

Jürgen „Atze" Friedrichs Motto durchaus auch ihres sein: „Wir brauchen Spieler, die Gras fressen. Und wenn es sein muss, rohes." Hart aber fair ist die Devise. So kommt zur italienischen Taktik die robust-britische Spielweise hinzu. Was eine Kombi!

Auch in Sachen „Vereinsheim" sind sie nicht ganz normal: ihre so genannte Skat-Hütte haben sie sich selbst auf dem Gütle eines Mitspielers hochgezogen. Nach dem Kick sitzen auch Nicht-Skatspieler in der Hütte, nutzen die gesundheitsfördernden Eigenschaften des Bieres und arbeiten gemeinsam die Heldentaten des Fußballabends auf. In einer Sache bleiben sie allerdings Maulhelden. Seit dreißig Jahren spielen sie zum Spott der anderen Turnier-Mannschaften im anmut- und ärmellosen gelben Leible. Mit der Schutzbehauptung Trikotträger seien eh' alle Spießer, können sie sich partout nicht auf ein bestimmtes Jersey einigen. Typisch Odyssee: Hauptsach' gschdridda!

## An der Theke
## mit Werder Bären

*Der Tübinger Bären-Wirt Jörg Kramer bietet allen Fans von Werder Bremen Zuflucht. Und mischt mit seinen Stammgästen Jahr für Jahr beim Turnier des Tübinger Herren-Clubs (THC) in Stockach mit.*

Was haben der Papst und Jörg Kramer gemeinsam? Sie sind beide leidenschaftliche Fußballfans. Franziskus ist bekennender Fan des argentinischen Vereins San Lorenzo und Bärenwirt Kramer (58) ist passionierter Anhänger von Werder Bremen. Seine Gaststätte in der Tübinger Schmiedtorstraße hat sich inzwischen als Fußballkneipe in der Stadt etabliert. Sie ist sogar im Werder-Reiseführer erwähnt. Und ein Bundestagskandidat brüstete sich damit, dass er als Fan regelmäßig zu Fußballübertragungen in das Lokal gehe.

Doch im Bären trinken nicht nur Passivsportler ihr Bier, hier ist auch eine kneipeneigene Hobbymannschaft zuhause. Alles fing 1993 mit dem Angebot des Tübinger Herrenclubs (THC) an, beim alljährlichen Kultturnier in Stockach mitzuspielen. Nicht nur Kramer, sondern auch die anwesenden fünf Jungs am Tresen, diadiaemmerdohogged, waren Feuer und Flamme, obwohl ihre körperlichen Voraussetzungen und ihre Fitness im suboptimalen Bereich lagen. Bald waren aber Fußballer unter den Stammgästen gefunden, die um Laufwege und Passgenauigkeit wussten – die meisten davon ehemalige Kicker des SSC Tübingen. Das war der Beginn einer wunderbaren Freundschaft der „Werder Bären" zu diesem Turnier. Und die Bären entwickelten sich über die Jahre zu einer ganz speziellen Turniermannschaft. Dabei stellen sie sogar die deutsche Nationalmannschaft in den Schatten, die als Mutter aller Turniermannschaften gilt.

So isch hald Werder: Jörg Kramer mit den Autogrammen aus Bremen.

Jedes Jahr konzentrieren sie sich voll und ganz auf diesen legendären Event und ihre Trainingsplanung ist exakt auf diesen Saison-Höhepunkt ausgerichtet. So bereiten sie sich am Tresen psychisch und auf dem Kilchberger Bolzplatz physisch vor. Dort auf dem kleinen Rasenplatz hinter der Schule werden Technik und Taktik trainiert. Und um es mit Andreas Brehme zu sagen: vor diesem Turnier „steht den Kickern ein hartes Programm ins Gesicht".

Kramer spielt nach einer schweren Sportverletzung nicht mehr selbst mit, er ist aber Organisator, Motivator, Betreuer und Coach in einer Person. Und damit es seinen Jungs an nichts fehlt, lädt er sie nach dem Training zu sich ein. Dass dann die Anzahl der zugeführten Kalorien weit höher ist als die der verbrauchten, spielt keine Rolle. Viel wichtiger ist, dass „von der Einstellung her, die Einstellung stimmt" (Brehme).

Kramer ist aber auch Öffentlichkeitsarbeiter seines Teams. Als er erfahren hatte, dass Dieter Thomas Kuhn der Hauptakteur der 111-Jahre-Jubiläumsfeier von Werder Bremen sein würde, drückte er ihm ihr grünweißes Trikot mit dem zylindertragenden Bären in die Hand. Kuhn sollte es mit der Bitte um Autogramme dem Trainer Thomas Schaaf überreichen. Schon drei Tage später steckte es wieder im Briefkasten – mit den Unterschriften sämtlicher Profis. „So isch hald Werder Bremen", sagt Kramer stolz, „und genauso isch au Werder Bären."

Seither prangt es hinter Glas neben der Bar und sorgt für Motivation der Kicker. Motivation, mit der sie „ihr" Turnier bereits zwei Mal gewinnen konnten. Nicht zuletzt auch deshalb, weil sie sich Sven Ulreichs Taktik zu eigen machten: „Wir müssen uns in einen Erfolgsstrudel reinspielen." Ein Erfolgsrezept, das der VfB-Torwart ausgerechnet nach einem 6:0-Kantersieg gegen Werder Bremen formulierte.

# Satanische Fersen!
## Eine Art Psychohygiene

*Von Geologen gegründet, von Salman Rushdie beseelt. Tübingens „Satanische Fersen" gibt's seit 1988. Weil sich die Freizeitkicker so die Therapie sparen.*

Nicht wenige Freizeitkicker, so heißt es, sollen am Morgen nach dem Fußballabend nur mit Hilfe von Bufdis oder FSJ'lern in ihre Socken kommen. Schlimmer noch: Weder vereinseigene Physiotherapeuten, noch ihre genervten Liebsten helfen, die lädierten Körper zu pflegen, um sie in Wochenfrist wieder einigermaßen schmerzfrei zu bekommen. Sie kaufen verschiedene Sätze Leible, Spielbälle und manchmal auch Tornetzte selbst. Und sie zahlen mitunter Geld dafür, dass sie auf einem bespielbaren Platz kicken dürfen. Wie zahlreiche andere Hobbysportler investieren auch sie viel.

Was treibt sie an? Warum nur riskieren diese Fußball-Verrückten ihre Beine, ihre Leber und manchmal auch ihre Beziehung? Was motiviert einen Menschen, bei Wind und Wetter einem Lederball, der inzwischen nur aus Plastik besteht, den Platz rauf und runter hinterher zu hecheln?

"Wie so oft liegt auch hier die Mitte in der Wahrheit", sagt Rudi Völler und trifft den Kopf auf den Nagel. Die „alten Griechen" versuchten Motivation oder Antrieb mit dem Prinzip des Hedonismus zu erklären. Die Natur des Menschen sei es, Vergnügen und Lust anzustreben und Leid und Schmerz zu umgehen. Der unvermeidbare Sigmund benutzte ein wenig später den Begriff der Libido. Der dem Es entstammende Trieb steuere demnach das Verhalten. Die Sportpsychologen unserer Zeit behaupten, dass durch

Das Emblem der Satanischen Fersen:
ein roter Teufel in Action.

Motive, durch die Wahrscheinlichkeit auf Erfolg und durch Anreize Motivation entsteht.

„Warum wir kicken?", fragt  Ralf Müller (44) mit einem augenzwinkernden Lachen. „Ganz einfach! So sparen wir uns die Therapie." Sein Mannschaftskamerad Tom Prantl (43) ergänzt: „Im Ernst! Wir können tatsächlich Luft ablassen, Stress abbauen und Aufgestautes loswerden. Natürlich ist die Kickerei neben der Freude am Spiel auch eine Art Psychohygiene. Logisch! Aber nie auf Kosten der Mit- oder Gegenspieler. Fairness und Miteinander steht über allem." Der Diplom-Geograph und der Graphikdesigner „gehen da ganz chloroform" (Helmut Schön) und spielen gemeinsam bei den „Satanischen Fersen". Eine Truppe, die 1988 von Geologen gegründet wurde und die sich wortspielerisch in Anlehnung an Salman Rushdies Buch so nannten.

Zusammen mit Fußballern anderer Freizeitmannschaften treffen sie sich jeden Dienstagabend auf dem städtischen Kunstrasenplatz am Neckar. Manche Teufelsfersen kicken zusätzlich noch am Sonntagnachmittag. Meist werden danach in der Tübinger Parkgaststätte nicht nur das eigene Spiel, sondern auch die Begegnungen der Bundesligisten und der Nationalmannschaft kritisch betrachtet und bewertet. Aber nicht nur Fußball ist Thema bei den Satanischen Fersen, sie reden sich auch gerne über politische und gesellschaftliche Themen die Köpfe heiß. Die Motivation liegt also nicht nur auf dem Platz, sondern auch daneben. Bei den Fußball-Millionären mag das Motto, das in einer früheren deutschen Meisterschaftstrophäe eingraviert war, nichts mehr gelten. Bei den Fersen schon: „Elf Freunde müsst ihr sein, wenn ihr Siege wollt erringen." In ihren komplett schwarzen Trikots mit dem roten Satan auf der Brust, der einen spektakulären Fallrückzieher vollführt, konnten sie tatsächlich schon das eine oder andere Turnier gewinnen.

Und im Gegensatz zu profilneurotischen, in Fremdsprachen gänzlich talentfreien Rekordnationalspielern, haben die Freunde es nicht nötig, ihre Erfolge an die große Glocke zu hängen. Loddar: „I am a German record-player!"

# Alexander Leyh!
# Der Herr des Uni-Turniers

*Seit über zehn Jahren organisiert Alexander Leyh die Fuß-
ballturniere des Hochschulsports der Universität Tübingen.
Fast 30 Teams machen da mit. Der 50-jährige Leyh springt
da auch mal als Schiedsrichter ein – wenn's sein muss, leitet
er als solcher zwei Spiele gleichzeitig.*

Magath und Medizinball, Waldi und Weizenbier,
Manni und Bananenflanke, Kloppo und Vollgasfußball,
Fritz Walter und Wetter, Carmen Thomas und Schalke
05! Manche Dinge im Fußball sind einfach untrenn-
bar verbunden. In der Tübinger Hobbykicker-Szene
sind das Alexander Leyh (50) und das Uni-Turnier. So
sicher wie Wembley kein Tor war, so sicher wird sein
Name genannt, sobald über den Tübinger Freizeitfußball gesprochen wird. Immer mit Hochachtung und
immer mit einem Zungenschnalzen. Tatsächlich spielt
der Angestellte der Zentralen Verwaltung der Uni in
der Szene eine wichtige Rolle. Seit dem Wintersemester 2001/2002 organisiert er im Alleingang das Fußballturnier des Hochschulsports der Universität Tübingen.
  Um diese Turniere zu stemmen – tatsächlich sind es
zwei: ein Freiluftturnier im Sommer und ein Hallen-
turnier im Winter, bedarf es nicht nur eines besonderen
Organisationstalents, sondern auch der überdimensio-
nalen „Verrücktheit" eines Jürgen Klopps: „Wenn man
meine Motivation in Flaschen abfüllt, dann wird man
dafür in den Knast kommen, wenn man das verkauft."
Leyhs Leben, besonders während des Sommerturniers,
ist klar strukturiert: ein Drittel Familie, ein Drittel
Beruf, ein Drittel Fußball. Es wird ihm aber auch nicht
einfach gemacht. Inzwischen sind es fast dreißig Mannschaften, die ihre Spiele auf nur drei Rasenplätze am

Alexander Leyh, der Organisator des bei den Tübinger Freizeitkickern begehrten Uni-Turniers.

Sportinstitut austragen. Rasenplätze, die auch noch bei Regen und Nässe gesperrt werden. Würde Leyh nicht ab und an den städtischen Kunstrasenplatz am Neckar und den Bolzplatz hinter dem Freibad mitbenützen dürfen, wäre das Semester-Turnier nicht durchführbar. „Wir bekommen zwar vom Hochschulsport des Sportinstituts gute Unterstützung - auch von der Stadt. Insgesamt ist die Platzsituation für Freizeitfußballer aber nicht wirklich gut." In der Tat wünschen sich die Tübinger Kicker mehr und bessere Möglichkeiten, ihrem Hobby nachgehen zu können. Nicht zuletzt um einer „Deprimierung" (Andy Möller) vorzubeugen.

Auch beim Uni-Turnier steht Fairplay an erster Stelle. Da spricht Berti Vogts den Sportler aus dem Herzen: „Hass gehört nicht ins Stadion. Solche Gefühle soll man gemeinsam mit seiner Frau daheim im Wohnzimmer ausleben." Spieler anderer Teilnehmer-Mannschaften fungieren jeweils als Schiedsrichter. Ist Not am schwarzen Mann, greift auch mal Alexander Leyh zur Pfeife. Als einmal der Schiedsrichter am Nebenplatz nicht erschienen war, musste er kurzerhand zwei Spiele gleichzeitig leiten. Auch diese Herausforderung hat er gemeistert, es gab keine Beschwerden. Vielleicht hatte er einfach nur Glück, dass Florian Fromlowitz nicht mitspielte: „Ich hätte vor Wut gern überall reingebissen. Am liebsten in den Schiedsrichter."

# Montagskicker!
# Die geheime Rangliste

*Die Tübinger „Montagskicker" sind Techniker – auf dem Kunstrasen-Bolzplatz und bei der Einteilung der Mannschaften namens „Not" und „Elend".*

Typisch „Montagskicker"! Eine richtige Pressekonferenz wollten sie ausrichten. Mehr noch! Um sich für den „Bolzplatz" vorzustellen und um „sich gut aus der Atmosphäre zu ziehen" (Herbert Prohaska), sollte es ein ausgewachsenes Presse-Event sein: Mit einem arrangierten Raum, einer Werbetafel – inklusive des einen Sponsors für Leible und Ball, mit Verstärker, Mikro, Lightshow und Musik vom inzwischen legendären DJ Lappi, der auch „Montagskicker" ist.

Da sind sie ganz Techniker, nicht nur beim Presse-Event und auf dem Platz, sondern auch im Netz. Tatsächlich spielt ihre Homepage inzwischen eine große Rolle. „Fast die ganze Organisation geht über unsere Website", sagt Gunther Spranz (40), der von Beginn an dabei war. Alles fing 1997 mit vier Studenten oben auf Waldhäuser-Ost an. Sie hatten Lust, gemeinsam zu kicken. Vom Zwei-gegen-Zwei auf der Wiese, über ein paar andere Bolzplätze und einer längeren Pause, lebte die Truppe im Jahr 2010 wieder so richtig auf. Sie trifft sich jetzt montags um 20.30 Uhr auf dem kleinen Kunstrasenplatz neben der Freihalle der TSG Tübingen. Inzwischen sind es 28 Freizeitkicker, die sich über die Homepage im Vorhinein anmelden. Sie listet nicht nur den jeweiligen Stand der Teilnehmer auf, sondern auch die Zahl der Absagen, der Unschlüssigen und der Gästespieler. „Die Seite hilft sogar, Mannschaften einzuteilen", sagt der Flugkapitän Spranz. Er arbeitet im Moment als Ausbilder bei

Die Montagskicker sind mit personalisierten Leible unterwegs.

Condor. Und obwohl er viel unterwegs ist, steht er jeden Montag auf dem Platz. „Die Einteiler kennen den Jour fix und wissen, dass ich montags zuhause sein muss."

Was bei fast allen Freizeitkickern ein Problem ist, erledigt jetzt der „Random Team Generator" selbständig. Er verteilt die Spieler auf die Teams „Not" und „Elend". Damit der Generator seine Arbeit machen kann, musste Spranz vorher eine Rangliste erstellen – und hält diese lieber geheim! Dass er mit seiner Einschätzung aber richtig gut liegt, zeigt die Tatsache, dass die Spiele fast immer ausgeglichen und spannend sind. Weder Not noch Elend gewinnen hoch.

Doch: „Entscheidend is auf'm Platz" (Adi Preißler), da ist eine Software nutzlos und da ist die Wirklichkeit noch analog. Vor allem bei vermeintlichen Fouls, die immer wieder diskutiert werden. „Das ist so

Ouzo." (Reinhold Beckmann). Logisch, dass hinterher beim frisch gezapften Bier weiter debattiert wird. So runtergekühlt hatten die Montagskicker dann doch das Presse-Event wieder verworfen. Schade eigentlich!

## Hallenmasters!
## Ein Jingle für jedes Tor

*Wenn „Schollis Jünger" auf „Walter Frosch" treffen, dann
ist wieder Hallenmasters im Sportinstitut. Ein einziger
Neunmeter hat am Ende das große Weihnachtstreffen der
Tübinger Kicker-Szene entschieden.*

Samstag 11:25 Uhr, Sportinstitut: das erste Spiel des
2.Tübinger Hallenmasters „Schollis Jünger" gegen
„Kommando Horst Hrubesch" soll in fünf Minuten
angepfiffen werden. Richard van Ess ist bis jetzt der
einzige Anwesende vom Kommando. „Wir hatten
gestern ein ganz wichtiges Fest", sagt er und versucht
zu lächeln. Patrick Ole Ohlbrock, SV03-Kicker und
Hauptorganisator dieses Fußball-Hallenturniers für
Hobbymannschaften, hält kurz Rücksprache, zieht
ein anderes Spiel vor und das Turnier kann pünktlich
beginnen.

Kein Problem! Überhaupt lief alles wie am Schnür-
chen. Die fünfzehn ehemaligen Schulkameraden vom
Kepler-Gymnasium hatten die Organisation bestens
im Griff. Ohlbrock: „Die Kicker von Terra Rossa hatten letztes Jahr keine Zeit gehabt, deshalb waren wir
eingesprungen. Wir wollten das Turnier auch in diesem Jahr unbedingt stattfinden lassen." Als Zuschauer
konnte man sehr schnell erkennen, warum es nicht ausfallen dürfte. Die zwölf Mannschaften waren „technisch serviert" (Andreas Brehme) und niemand hat
„fehlende Cleverness vermissen lassen" (Lorenz-Gün-
ther Köstner). Sie spielten auf einem hohen Niveau und
ihre Spielfreude war ansteckend. Kein Wunder, denn
die Kicker reisten aus allen Ecken der Republik an, um
dabei zu sein. Jeffrey Kyei, früher TSG Tübingen und
SSV Reutlingen, war sogar aus Pennsylvania eingeflo-

gen, wo er an einem College mit einem Fußball-Stipendium studiert. Homecoming der Tübinger Fußballspieler - bei überraschend vielen Zuschauern, darunter Eltern und Freunde, die auf den Rängen mitfeierten.

Die Stimmung kam schon beim ersten Spiel in Fahrt, als dem Torwart ein harmloser Ball saublöd durch die Hände ins Tor rutschte. Eine Stimmung, die nicht hämisch oder schadenfreudig war, sondern mitfühlend und aufmunternd. Logisch, dass auch der gelungene Seitfallzieher mit begeistertem Beifall goutiert wurde. Übrigens auch von der Kanzel durchs Mikrofon. Aber nicht nur damit trug Ohlbrock zur außergewöhnlichen Atmosphäre bei. Jedes Tor wurde mit einem kurzen Jingle belohnt und in den Pausen spielte er Ausschnitte aus legendären Interviews und Pressekonferenzen, so wie Daums „Ich gebe die Haarprobe, weil ich ein absolut reines Gewissen habe", oder Trapattonis „Strunz, was wolle Strunz".

Nach insgesamt 37 Turnierspielen besiegten „Schollis Jünger" im Finale „Walter Frosch" nach einem spannenden Match im Neun-Meter-Schießen. Und obwohl beim „Schwarzen Schaf" Jeffrey Kyei und das SV03-Eigengewächs und Ex-Profi Michael Urban (SSV Reutlingen, 1. FC Heidenheim) mit dabei waren, belegten sie nur den dritten Platz.

Auch in diesem Jahr stand das Turnier unter dem Motto „Kicken für einen guten Zweck". Unter anderem durch eine leckere Bewirtung sammelten die Freizeitfußballer für den „Förderverein für krebskranke Kinder" insgesamt über 1.500 Euro.

Die Kicker vom „Kommando Horst Hrubesch" trudelten dann doch noch ein. Sie stießen sogar bis ins Viertelfinale vor, obwohl sie viel weniger Vereinskicker in ihren Reihen hatten als die Konkurrenz.

SO SEH'N SIEGER AUS,
NANANANANA!

## Paragraph 1!
## Wohltuend schmerzende Knochen

*Dieser Termin ist ihnen heilig: Jeden Sonntag versuchen sich die Hobbykicker von „Paragraph 1" im Direktspiel. Doch Diven sind verpönt.*

Es ist Sonntagmorgen. Draußen kratzen Frühaufsteher die Windschutzscheiben frei. Er dreht sich zu seiner noch selig schlafenden Frau. Er erinnert sich an das Aroma des Château Lafite-Rothschild und den Geschmack des Lammsteak Provencial von gestern Abend. Mit einem Grinsen denkt er an die Diskussionen mit den Freunden über Palmers Fernsehauftritte, über LED-Leuchten in der Altstadt und über die Wiederbelebung der Kelter. Er könnte noch ein wenig weiterdösen, sich wohlig seufzend an seine Liebste hinkuscheln, das Buch „Herzkerben" weiterlesen, Jan Garbarek auflegen oder …! Plötzlich fährt sein Kopf herum, er schaut auf den Wecker, springt aus dem Bett, schlüpft in seine Kleider, schnappt die gepackte Sporttasche und rast – zum Kicken.

Christian Niederhöfer (58) schmunzelnd: „Schön ausgedacht! Und dabei gar nicht so weit weg von der Wirklichkeit! Ja, es ist tatsächlich so: Der Termin ist uns heilig." Frei nach Ernst Happel: „Ein (Sonn-)Tag ohne Fußball ist ein verlorener Tag."

Der Tübinger Rechtsanwalt Niederhöfer ist Alterspräsident von „Paragraph 1". Freizeitkicker, die seit 28 Jahren gemeinsam Fußball spielen. Im Sommer auf dem Nebenplatz des TSV Lustnau und im Winter auf dem Tartanplatz des Tübinger Uni-Sportinstituts.

Der Name sei übrigens nicht Programm, sagt Niederhöfer. Es spielen nur noch zwei Juristen mit, ansonsten sind querbeet alle möglichen Berufe vertreten, vom

WIE WAR'S BEIM KICKEN?
ECHT SUPER!

Koch über den Arzt und Lehrer bis hin zum „schnellen Bullen", so wird spaßig, aber durchaus respektvoll, der Kripo-Beamte genannt. Er ist mit seinen 32 Jahren das Nesthäkchen und nimmt den alten Knochen mit Altersdurchschnitt Ende Vierzig schon mal drei Meter auf zehn ab.

Aber Vorsicht! Alter schützt vor Qualität nicht. Und genau das ist den „Paragraphen" wichtig. Pillepalle geht gar nicht! Wer hier auf Kosten der anderen kickt, keine Abwehrarbeit verrichtet und meint, die Diva spielen zu müssen, ist hier fehl am Platz. Und tatsächlich hat sich die Spielqualität über die Jahre verbessert. Nicht zuletzt deshalb, weil viele – bewusst oder unbewusst – das Direktspiel der Profis kopieren. Oder besser: versuchen zu kopieren. Es geht um die Spielfreude, nicht um das Ergebnis, denn "mal verliert man und mal gewinnen die anderen" (Otto Rehhagel).

Wenn dann am Sonntagabend auf dem Sofa ausgestreckt Knochen und Muskeln wohltuend schmerzen, die Tatort-Melodie aus dem Fernseher erklingt und die Liebste anerkennend Allgäuer Latschenkiefer-Balsam auf lädierte Stellen aufträgt, dann kann die neue Woche beginnen.

# TüThe!
## Ausgerechnet gegen Protestanten

*Fußball und (Aber-)Glauben unterhalten schon seit Jahr und Tag und Nacht eine gepflegte Beziehung zueinander. Fast schon selbstverständlich, dass auch Tübinger Studenten der katholischen Theologie im Fußball zueinander finden. Beim TüThe sammelt ein Fischer seine Spieler auf, um beim Theo-Cup gegen Kölner zu verlieren.*

Campino, der Sänger von den „Toten Hosen" bringt es auf den Punkt: „Jeder sollte an irgendetwas glauben, und wenn es Fortuna Düsseldorf ist." Glaube und Aberglaube spielen im Fußball eine große Rolle. Während die einen auf die Macht der Rituale bauen, schwören die anderen auf göttlichen Beistand von oben.

Der argentinische Torwart Sergio Goycoechea habe die seltsame Angewohnheit gehabt, vor Strafstößen des Gegners auf den Platz zu urinieren. Im WM-Endspiel 1990 gegen Deutschland ging das bekanntlich gehörig in die Hosen. Mario Gomez dagegen schwört auf seine alten Schienbeinschoner als Glücksbringer: „Das sind dieselben, die ich schon mit fünfzehn getragen habe. Sind ein bisschen klein, aber ohne die laufe ich nicht auf."

Anders, die gläubigen Kicker, oder auch nicht: Wayne Rooney, der nach eigener Aussage gerne katholischer Priester geworden wäre, trägt regelmäßig seinen Rosenkranz um den Hals. Jerome Boateng zieht Kraft aus seinen zwei Tätowierungen: ein Kreuz auf dem rechten Oberarm und die Jungfrau Maria auf dem linken Unterarm. Unerschrocken dagegen der Brasilianer Jorginho. Als Mannschaftskapitän bei Bayer Leverkusen bestand er darauf, bei der Platzwahl nicht nur einen Wimpel, sondern auch noch eine Bibel zu überreichen.

Modernes Pressing der TüThe.

Das alles haben die Theokicker nicht nötig, als Studierende der katholischen Theologie spielen Sie eh' im höheren Auftrag. Ganz im christlichen Sinn darf jeder mitkicken, egal ob un- oder wüstgläubig, und egal welche Spielstärke. „Vom semiprofessionellen Vereinsspieler bis zum grobmotorischen Anfänger, alle sind willkommen", sagt Claudius Fischer (27), der Organisator. Bei den Turnieren sind jedoch die Feinmotoriker gefragt. Die Auswahlmannschaft nennt sich dann TüThe und kickt unter anderem beim Uni-Turnier und TheoCup mit. Der TheoCup fand in diesem Jahr mit 27 Mannschaften aus sechs Ländern auf dem Holderfeld in Tübingen statt. Im Sinne der Ökumene gemeinsam organisiert von der katholischen und der evangelischen Fakultät.

Während im wöchentlichen Training eine sanfttheologische Grundeinstellung vorherrscht, geht es beim Turnier doch eher alttestamentarisch zu – ganz nach Tomislav Maric: „Im Fußball bist du entweder

Gott oder Bratwurst." Schließlich stehen die Hobbykicker um Fischer bei ihrem Förderer in der Pflicht. Er hatte vor Jahren das Wilhelmsstift als Trikotsponsor gewonnen und Turniersiege in Aussicht gestellt. Tatsächlich erreichte TüThe das Endspiel, verlor dann aber im Elfmeterschießen gegen die Kölner „Himmelsstürmer". Protestanten! Ausgerechnet!

## Bernd Wahler!
## Vielleicht hilft Zwetschgenkuchen

*Ob auf dem Basketball-Platz in Portland oder beim sonntäglichen Kick in Hagelloch: Bernd Wahler, seit einem knappen Jahr Präsident des VfB Stuttgart, hat immer auf Teamfähigkeit gebaut.*

„Zwetschenkuchen vom Café Lieb! Super, mein Lieblingskuchen!" Bernd Wahler (55) nimmt ein Messer und teilt gerecht auch: für den Besuch, sich selbst, vor allem aber für seine Mitarbeiter. Typisch Wahler! Er war schon immer Teamplayer. Das hat er auch in seiner Rede vor über 3000 Mitgliedern des VfB Stuttgart am 22. Juli 2013 betont: „Wir lassen uns nicht auseinanderdividieren. Ich will verbinden." Und er forderte die gleiche Sprache vom Platzwart bis zum Sponsor. Mit 97,4 Prozent der Stimmen wurde er zum neuen Präsidenten des VfB Stuttgart gewählt worden, sein Vorgänger hatte nur 58,7 Prozent erreicht.

Und jetzt hat „die Bundesliga sein Läbben verändert" (Petar Radenkovic). Aber eigentlich ist es eine Art Comeback, schließlich kickte er in der C- und B-Jugend des VfB, bevor er zum VfR Waiblingen wechselte, weil Hansi Müller auf seiner Zehnerposition nicht zu verdrängen war. Für ihn ist diese Aufgabe eine Herzensangelegenheit, nicht nur, weil er schon immer VfB-Fan war, auch weil „der Fußball mich mein gesamtes Leben über begleitet hat." Natürlich auch während seines Biologie- und Sport-Studiums in Tübingen, als er nicht nur in der Auswahlmannschaft der Uni spielte, sondern zusätzlich sonntagsmorgens in Hagelloch zusammen mit „geographischen" Freizeitkickern. Nach seinem MBA-Aufbaustudium in Reutlingen konnte er Hobby und Beruf verbinden und war 25 Jahre

Einst Student in Tübingen: VfB-Präsident Bernd Wahler.

bei Adidas hauptsächlich in Führungspositionen tätig, unter anderem bei Adidas America in Portland, Oregon. Hier hat er Bewerber gerne mal auf den firmeneigenen Basketballcourt mitgenommen, um ihre Teamfähigkeit zu testen. Dem Fußball blieb er aber nicht nur theoretisch als Manager verbunden, sondern auch ganz praktisch in der Adidas Firmenmannschaft.

Das Spiel, auf das er sich damals am meisten gefreut hatte - gegen die Promi-Elf von Bayern München, musste er allerdings nach zwei Minuten Spielzeit beenden. Sein erster und letzter Ballkontakt war der brachiale Schuss von Uli Hoeneß in die Kronjuwelen. Er verlor kurzzeitig das Bewusstsein und wurde vom Platz getragen. Oli Kahn: „Da muss man schon gucken, ob noch alles dran ist." Zur dritten Halbzeit war Wahler wieder fit und konnte bei Hefeweizen zusammen mit Augenthaler, Effenberg und Hoeneß schon wieder darüber lachen.

Damit ihm das sympathische Lachen im Moment nicht vergeht, sollten seine VfB-Profis auf ihren Torwart Sven Ulreich hören: „Wir müssen uns in einen Erfolgsstrudel reinspielen." Vielleicht hilft da ja legales Doping aus Tübingen: Zwetschenkuchen vom Café Lieb!

# Torpedos!
## Hexer, Terrier und Amicitia

*Einerseits sind sie sehr selbstbewusst, einer behauptet gar: „Ich bin der erste Straßenfußballer, der Nationalspieler wird." Andererseits: Ihre Nachnamen wollen sie nicht ausgeschrieben sehen, die Kicker der „Torpedos", der einzigen Freizeitkicker-Mannschaft einer Verbindung, die offiziell bei Turnieren in Tübingen auftritt.*

Fußball und Burschenschaften haben eine lange gemeinsame Geschichte. Tatsächlich gründeten einige Studenten bereits 1898 die Verbindung „Akademischer Fußball-Club Hannover". Nach schnellen Erfolgen durften sie 1904 sogar an der zweiten DFB-Meisterschaft teilnehmen. Da aber einige Kicker in der Nacht vorm Viertelfinale bei einer Kneipentour versumpft waren, gingen die Korporierten mit 0:11 gegen Germania Hamburg unter. Das nagte so an ihrem Selbstbewusstsein, dass sie sich fortan lieber dem standesgemäßen Rudersport verschrieben.

„Oje, da hätten wir schon oft die Kickschuhe in die Ecke pfeffern müssen", sagt der Jurastudent Jonas B. (21), Sportwart der Akademischen Verbindung Cheruskia Tübingen. Als sie vor zehn Jahren die Torpedos gründeten und unter anderem beim Uni-Fußballturnier mitmischten, fungierten sie zunächst als Kanonenfutter für die anderen Mannschaften.

Vor zwei Jahren wurde alles anders. Die goldene Generation der Torpedos trat auf den Plan und fegte plötzlich die Gegner vom Platz. Nicht zuletzt deshalb, weil sie diszipliniert trainierte: im Sommer auf dem Nebenplatz am Sportinstitut und im Winter in Soccerhallen.

Bald waren die Torpedos nicht mehr die Schießbude der Nation, sondern gewannen regelmäßig, unter ande-

Das Wappen der Cheruskia Tübingen.

rem ein Verbindungsturnier in München mit immerhin dreißig teilnehmenden Mannschaften. Kein Wunder, schließlich waren sie „körperlich und physisch topfit" (Thomas Häßler).

Es ist wohl die Mischung, die die Qualität ausmacht. Neben ehemaligen Vereinsspielern kicken auch talentierte Straßenfußballer mit. Einerseits solch erfahrene Fußballspieler wie Jonas B. – ehemaliger Aktiver in Ober- und Landesliga. Andererseits solche Spaßkicker wie Daniel F. (26). Der Verbindungsbruder und Lehramtsstudent strotzt vor Selbstbewusstsein: „Ich bin der erste Straßenfußballer, der Nationalspieler wird." Wenn dann noch im Tor „der Hexer vom Waldhäuser-Ost" in Titanen-Manier die Kiste sauber hält und vor ihm „der Terrier vom Österberg" die Stürmer abräumt, dann „platzen sämtliche Gefühle auf einen ein" (Fabian Boll).

Gefeiert wird dann auf dem Verbindungshaus, denn neben den Prinzipien „Scientia, Religio, Patria", ist ihnen vor allem „Amicitia" wichtig. Freundschaft und Verbundenheit nicht nur untereinander, sondern auch mit anderen Mannschaften, auch wenn sie ganz anderer politischer Couleur sind. „Wenn Not am Mann ist, spielt auch mal ein Kicker vom Kommando Horst Hrubesch bei uns und umgekehrt", so Daniel, der wahrscheinlich erste Freizeitkicker-Nationalspieler der Welt.

# Jürgen Todenhöfer!
# Wenn der Fußball Herzen öffnet

*Jürgen Todenhöfer war zweiundzwanzig Jahre stellvertretender Vorstandschef des Burda-Konzerns, davor Richter und achtzehn Jahre CDU-Bundestagsabgeordneter, den Großteil davon als gewählter Vertreter des Wahlkreises Tübingen-Hechingen. Parallel war Fußball immer die wichtigste Nebensache überhaupt. Auch in seiner Tübinger Zeit, in der er mit seinem Freund und langjährigen ersten Vorsitzenden des CDU-Ortsverbands Nehren, Werner Nill, immer wieder Torschüsse geübt hat.*

Auch heute kickt der Autor und Publizist noch regelmäßig jedes Wochenende im Englischen Garten in München, bei Wind und Wetter. Manchmal als falsche, fluide Neun wie Mario Götze und Marco Reus, und manchmal als Torwart, wenn er verletzt ist und eigentlich noch nicht spielen sollte.

In seinem Buch „Teile dein Glück" schreibt Todenhöfer: „Mein wichtigster privater Termin ist inzwischen der Samstagnachmittag." Seine Sekretärin legt alle Flüge so, dass er seinen Jour fix in jedem Fall wahrnehmen kann. „Es gibt nichts Schöneres", sagt er. Und man nimmt ihm seine Begeisterung ab. Todenhöfer ist fußballverrückt. Ein sympathischer Verrückter, denn sein Enthusiasmus kommt von Herzen. „Fußballspiele waren schon immer die Höhepunkte in meinem Leben." Das sagt ein Mann, der seit fünfzig Jahren Krisengebiete bereist, der mit Diktatoren und Rebellen spricht und sich immer wieder in Lebensgefahr bringt, um Frieden zu stiften. Denn für ihn ist Krieg sinnlos, weil er ausschließlich Verlierer produziert.

„Es ist ein unbeschreibliches Glück, mit 73 Jahren noch kicken zu können." Und Todenhöfer will seine

Kickstiefel noch lange nicht an den Nagel hängen. Auch mit Achtzig und darüber hinaus will er noch mitmischen. Sein Freund Willi Widenmayer, der Mannschaftsarzt bei 1860 München ist, sieht keinen Grund aufzuhören, so lange man Spaß hat und der Körper mitmacht. Argumente genug, um jeden Tag eineinhalb Stunden Sport zu treiben. Schon morgens liest er seine Zeitungen auf dem Fahrradergometer bis der Schweiß auf die Blätter tropft.

Todenhöfer wirkt tatsächlich zwanzig Jahre jünger, trotz der Sportverletzungen, die auch ihn nicht verschont haben. Egal, ob gebrochene Finger, Arme, Rippen oder ob gezerrte und gerissene Muskeln, Willi Widenmayer macht ihn irgendwie wieder fit – konservativ ohne Doping und Spritzen, aber mit Bandagen und Tape, schließlich muss er am Samstag wieder auf dem Bolzplatz stehen. Da kann es schon mal sein, dass er eigenmächtig aus ärztlich angeordneten sechs Wochen Verletzungspause drei macht und mit Stützverband im Englischen Garten einläuft, um mit den anderen „alten Säcken" die ungestümen Jungen zu vernaschen, weil die die Abwehr mal wieder vernachlässigen.

**Ball gesucht, Granate gefunden**

Die Erfahrung macht es einfach aus. Davon hat er beileibe genug, seit er als Bub von seinem Vater einen braunen Lederball geschenkt bekommen hatte. Einen dieser Bälle, die die Nässe förmlich in sich aufsogen und zu eisenschweren Kanonenkugeln mutieren konnten. So, dass Kopfbälle im besten Fall schwere Gehirnerschütterungen verursachten. „Die Erinnerung an dieses Geschenk ist eine ganz besondere", sagt Todenhöfer. Und er muss grinsen, weil er sich auch daran erinnert, dass er wegen des Balles fast sein noch sehr junges Leben verloren hätte. Als die Pille bei der ersten Bolzerei im badischen Renchen im abschüssigen Gelände verloren ging und er sie suchte, fand er ein interessantes ovales Stück Metall. Stolz präsentierte er es seinem Vater. Schockgefroren wies der ihn eindringlich an, das verrostete „Ei" ganz langsam, ohne Hektik auf den Boden zu legen und die Beine unter die Arme zu nehmen. Es war eine noch immer scharfe Granate aus dem Zweiten Weltkrieg!

## Das Zauberwort „Bayern München"

Er kickte dann in der C- und B-Jugend von Offenburg, als Jura-Student und Richter in Freizeitmannschaften, als junger Abgeordneter trainierte er unter Kalli Feldkamp auch mal bei den Roten Teufeln in Kaiserlautern, er spielte gegen den FC Bundestag und in der „Werkself" von Burda. Er war schon immer von den positiven und verbindenden Wirkungen des Fußballs überzeugt. Und tatsächlich hat der Fußball ihn aus vielen heiklen, lebensbedrohlichen Situationen geholt. Wie im syrischen Homs, als er und sein Sohn Fréderic an einem Checkpoint anhalten mussten. Die Stimmung war aggressiv. Doch bevor das Ganze eskalierte, suchte Todenhöfer das Gespräch und sagte „Deutschland", „München", und dann sagte er noch „Bayern München". Nach kurzem Zögern antwortete der Soldat: „Hm, aber Dortmund ist besser." Mit einem gemeinsamen Lachen war die Situation entschärft.

Manchmal wirft Todenhöfer in solchen Situationen auch „Ribéry" in die Runde und es entwickelt sich ein Fachsimpeln, wie im Biergarten nach dem Samstagskick.

„Nein, Messi und Ronaldo."

„Das war einer der schönsten Augenblicke meines Lebens." Jürgen Todenhöfer in Afghanistan beim Kicken mit Waisenkindern. Foto: Julia Leeb

„Ribéry ist aber besser."

„Warum?"

„Ribéry ist Muslim."

Zustimmung und Nicken der nicht mehr ganz so grimmigen Posten des Checkpoints.

„Fußball ist der Türöffner – egal in welchem Land, weil Fußball die Herzen öffnet", sagt Todenhöfer. Und wenn er dann noch Schweinsteiger, Lahm und Müller aufzählt, dann ergänzen Rebellen wie Regierungstreue die Namen der kompletten deutschen Nationalmannschaft, die Todenhöfer selbst nicht fehlerfrei aufsagen kann.

Logisch, dass neben dem Waisenhaus, das er in Afghanistan für die Kinder baute, die ihre Angehörigen bei einem Bombardement verloren haben, ein Bolzplatz mit richtigen Toren steht. Zur Eröffnung spielte er zusammen mit den Waisenkindern Fußball. „Das war einer der schönsten Augenblicke meines Lebens."

Das Spiel gegen die Kinder ging verloren. Das kann er problemlos verkraften. Allerdings weniger, wenn am Samstag seine Mannschaft nicht richtig mitzieht, die Kameraden keine Abwehrarbeit leisten, egoistisch kicken und eine Niederlage droht. Dann geht es zur Sache und es wird hart aber fair gekämpft. Auch das liebt er am Fußball.

Früher bei Matches der Burda-Werkself gegen Adidas oder Prominenten-Mannschaften war auch seine Familie unter den Zuschauern. Seine damals noch kleine Tochter war ziemlich stolz auf ihren kickenden Vater und wollte eine persönliche Rangliste erstellen: „Papa, wer ist eigentlich besser, du oder Lothar Matthäus?" Todenhöfer: „Natalie, der Lothar ist auch nicht schlecht."

# Sonntagskicker!
# Schwarz gegen Weiß

*Real Analysis, jetzt Sonntagskicker. Noch nicht einmal Hagelstürme oder Reaktorkatastrophen halten diese Tübinger Freizeitkicker vom Spielen ab.*

Wer sagt denn, dass Mathematiker keinen Humor haben? Es ist das Jahr 1976: Netzer und Breitner werden mit Real Madrid spanischer Meister und Pokalsieger. Gleichzeitig spielen ein paar Tübinger Mathematikstudenten, die sich mit „real and complex Analysis" herumschlagen, regelmäßig zwei Mal pro Woche auf dem alten Lustnauer Sportplatz Fußball. Als ein Name für ihre Truppe her muss, wird mathematisch und doppeldeutig gekürzt: Real Analysis!

Seit die Wildschweine das Fußballfeld zwischen Lustnau und Bebenhausen für sich als Spielplatz entdeckt haben und es regelmäßig umgraben, ist es nicht mehr bespielbar. Nicht nur Real Analysis musste umziehen. Inzwischen kicken sie einmal wöchentlich auf dem städtischen Kunstrasen am Neckar und nennen sich Sonntagskicker.

„Gibt es Schöneres als die Woche mit Fußballspielen zu beenden?" fragt rhetorisch der agile Account Manager Eberhard Hofsäß (60). „Es ist Abschalten und Auftanken zugleich. Lebensfreude pur!" Der Sozialpädagoge und St. Pauli-Fan Markus „Öli" Hartmann (36) legt noch einen drauf: „Für mich ist der Termin tatsächlich auch eine Art persönliche Supervision."

Schwarz spielt immer gegen Weiß, und seit Anfang 2013 dokumentieren sie penibel jeden Spieltag – besser als Franz Beckenbauer das könnte („Es gibt nur eine Möglichkeit: Sieg, Unentschieden oder Niederlage"). Neben Tore und Punktestand, sind auch Mikro-Spiel-

Die „schwarze" Mannschaft hatte weniger Tore geschossen, aber mehr Punkte eingeheimst.

berichte zu lesen, die die Fußballabende auf den Punkt bringen: „Böse Klatsche für Weiß", „Weiß gewinnt! Vielleicht ist Crémant Brut vor dem Spiel der Schlüssel zum Erfolg", „zuerst hatte Schwarz kein Glück und dann kam noch Pech dazu."

Und obwohl Weiß mit 244 geschossenen Toren drei mehr als Schwarz erzielt hat, liegen sie mit 66 zu 78 Punkten deutlich dahinter. Somit ging der neu gestiftete Pokal im Jahr 2013 an die „schwarze" Mannschaft.

Die Weißen werden jetzt aber „nicht den Sand in den Kopf stecken" (Loddar Matthäus). Ganz im Gegenteil, auch dieses Jahr werden sie bei jedem Wetter auflaufen und gewinnen wollen. So wie Ende Juli 2013, als sogar der große Hagelsturm die Sonntagkicker nicht abhalten konnte. Das hat Geschichte: Auch als 1986 nach der Reaktorkatastrophe in Tschernobyl die radioaktive Wolke nach Mitteleuropa zog, standen sie wacker auf dem Platz. Manfred Schwarz (59), Mathe-Lehrer und Gründervater, lächelnd und kopfschüttelnd: „Obwohl ein paar Fußballer allen Ernstes überzeugt waren, dass die Luft anders rieche, kickten wir trotzdem. Wir vereinbarten aber, verhaltener zu spielen, die Hände gründlich zu waschen und doppelt so lang zu duschen."

# Richter, Prälaten –
# Nullkicker

*In der Sportgruppe des Tübinger Presseclubs kicken seit über 30 Jahren (aktive und pensionierte) Entscheidungsträger aus Gesellschaft, Kirche, Politik und Wirtschaft. Ihr Leiter ist Willy O. Marschall, Akademischer Direktor a. D. und ehemaliger SPD-Stadtrat. Seine 88 Lebensjahre und sein künstliches Hüftgelenk wirken eher motivierend als hindernd.*

„I'm old, but I'm happy", zitiert der Direktor des Sportinstituts Ansgar Thiel in seinem Buch „Projekt Ruhestand" Cat Stevens. Sport, und damit auch Fußball, spiele beim Gelingen des Alterns eine große Rolle, schreibt Thiel. Bei der Sportgruppe des Tübinger Presseclubs ist das ganz sicher so. Rund zwei Drittel der Truppe genießen bereits den Ruhestand – und den wöchentlichen Fußballtermin. Genauso wie ein paar wenige „junge Hüpfer", unter anderem OB Boris Palmer, die das Durchschnittsalter dramatisch nach unten drücken.

Seit über dreißig Jahre treffen sie sich immer Donnerstagmorgens von sieben bis acht Uhr zum Fußball spielen in der Sporthalle in der Alberstraße. „Vorher machen wir Gümnaschdig", sagt Willy O. Marschall, der die Gruppe seit rund 25 Jahre anleitet. „Obwohl die es kaum erwarten können zu kicken."

Mit seinen 88 Jahren ist er fit wie ein Turnschuh. Und das eine künstliche Hüftgelenk spüre er gar nicht, sagt der Akademische Direktor a. D., der viele Jahre lang am Institut für Sportwissenschaften der Uni Tübingen gearbeitet hat.

Auch ohne das T-Shirt mit dem Schriftzug „Coach" wäre er als solcher bestens erkennbar. Ganz im Stil

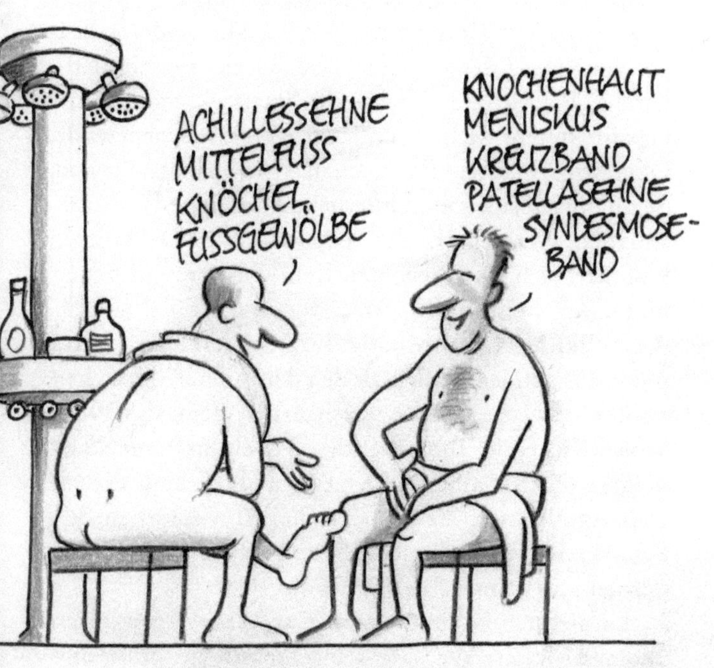
ACHILLESSEHNE
MITTELFUSS
KNÖCHEL
FUSSGEWÖLBE
KNOCHENHAUT
MENISKUS
KREUZBAND
PATELLASEHNE
SYNDESMOSE-
BAND

von Pep Guardiola treibt er seine Kicker lautstark und fachmännisch an: „Heidenei, doch nicht mit der Spitze kicken." Marschall hat seine Mannen voll im Griff. Er genießt Autorität. Seine Kritik nehmen sie ohne Murren an. Überraschend, denn im richtigen Leben sind sie es, die Richtung und Laufwege vorgeben.

Hier kicken Entscheider – noch aktiv oder schon pensioniert – der obersten Ebenen aus Gesellschaft, Kirche, Politik und Wirtschaft: Staatssekretäre, Landtagsdirektoren, Richter, Prälaten, Vorstandsvorsitzende, Oberbürgermeister, Polizeichefs, Universitätsrektoren, Schulamtspräsidenten, Unternehmer, Chefredakteure.

Doch Marschall, der ehemalige SPD-Stadtrat, kümmert sich einen feuchten Kehricht um Funktionen und Titel, wenn der Sport es verlangt: „Spiel halt ab, du Nullkicker". Wenn nötig, holt er die Herren erbarmungslos auf den Hallen-Boden der Fußball-Tatsachen zurück. Rauschalig aber weichkernig, denn das Wohl seiner Kicker ist ihm wichtig. Als einmal ein Neuer beim zweiten Ballkontakt tatsächlich einen Fallrückzieher vollführte, stellte Marschall ihn sofort in den Senkel: „Du kannsch glei drhoim bleiba ond brauchsch gar nemme komma."

Am liebsten ist ihm, wenn seine „Jungs", ganz nach Thomas Müller „We have a big breast", die Halle mit breiter Brust und einem Lächeln im Gesicht verlassen – womöglich mit einem Lied von Cat Stevens auf den Lippen!

# Immer wieder
# samstags

*Bei den Themen Fußball und Frauen sind die Tübinger „Samstagskicker" und Weltstar Lionel Messi einer Meinung. Und wenn Kinder der Freizeit-Fußballer doch mal samstags auf die Welt kommen, dann gerade noch rechtzeitig vor der wöchentlichen Einheit.*

Empirische, abhängige und unwissenschaftliche Studien beweisen, dass Fußball auf Freizeitkicker eine ausgleichende, entspannende, ja sogar euphorisierende Wirkung hat. Letzten Endes profitiert das ganze Umfeld von ihrem regelmäßig bei Wind und Wetter betriebenen Fanatismus, vor allem aber gewinnen die Lebenspartner. Die Erfahrung zeigt allerdings, dass es meist Jahre dauert, bis beide Seiten das bemerken. Bis dahin regieren ein latent schlechtes Gewissen und unausgesprochene Vorwürfe. „Die Samstagskicker" haben das ganz nach Lionel Messi („Wir spielen den schönsten Fußball, haben die schönsten Spieler und wissen, wie wir unsere Frauen behandeln müssen.") schon früh erkannt und versucht, dagegen zu steuern. Schon 1987 – just in Messis Geburtsjahr – veranstalteten sie extra für ihre Partnerinnen einen Bunten Abend mit Musik und Tanz.

Solche Zugeständnisse sind schon längst nicht mehr nötig. Inzwischen werden die Samstagskicker von ihren Frauen selbst zum wöchentlichen Termin geschickt. Schließlich wiegen ein Metzinger Outlet-Bummel und der nachmittägliche Kaffeeklatsch das Jogo bonito mit seinen beziehungsstabilisierenden Effekten nicht wirklich auf. Sogar der Nachwuchs respektiert das. Franz Kessler (60): „Meine Tochter ist an einem Samstag so rechtzeitig auf die Welt gekommen, dass ich hinterher noch kicken konnte."

Die besseren Hälften wissen inzwischen, dass der Urlaub möglichst wenige Samstage „verbrauchen" darf. Und es ist eisernes Gesetz, dass gesellschaftliche Verpflichtungen nicht vor zwanzig Uhr stattfinden. Anzug und Krawatte hängen dann in der Baracke neben dem städtischen Kunstrasen am Neckar bereit. Und mangels Dusche vor allem eine große Dose Deo. Joachim Günther (59), Musiker bei Jontef: „Ungeduscht vom Kicken direkt zum Konzert kommt schon mal vor."

Seit sie sich 1987 im Schützenhaus in Bühl zum ersten Mal fürs Kicken verabredeten, gibt es kaum einen Samstag, an dem sie nicht gespielt hätten. Auch von Platzsperren wegen Unbespielbarkeit ließen sie sich früher nicht abhalten. Ihre Begeisterung ging sogar so weit, dass sie sich fehlende Tornetze kauften. Michael Mellios (42): „Ein Fußballspiel, ohne dieses typische Geräusch, wenn der Ball ins Netz rauscht, geht gar nicht."

Allerdings – und das sei betont – sind die Samstagskicker durchaus auch kompromissbereit. Fallen Heilig Abend und Silvester auf Samstage, dann verzichten sie schon mal auf ihr geliebtes Hobby. Und trösten sich mit den Weisheiten eines Otto Rehhagels: „Ich schätze es, wenn Spieler verheiratet sind. Denn die Frau ist das beste Trainingslager."

## Traktor Weilheim!
## Aus Film und Linken

*Sie gehören zu den Tübinger Freizeitfußballern wie der Stocherkahn zum Neckar. „Traktor Weilheim", das sind Kicker aus der Kreativszene, politisch eher stark links orientiert und auch kompromisslos, was die Qualität des Spiels betrifft.*

Partnerinnen kommen und gehen. Die Liebe zum Fußball hält ein Leben lang – jedenfalls bei Hobbykickern. Bei den Profis sieht das anders aus. Nach der aktiven Zeit beschäftigen sie sich meist nur noch theoretisch mit Fußball, gerieren sich als Fernseh-Experten, werden fett und hinterziehen Steuern.

Hobbyfußballer hören nie auf, das Spiel zu lieben und aktiv zu kicken – und sei es mit den Enkeln. Solch pseudo-philosophischen Entschuldigungen wie die von Matthias Sammer kämen ihnen gar nicht in den Sinn: „Jetzt ist es eben mal nicht gut. Und das ist gut, wenn es auch mal nicht gut ist."

Egon Nieser (67) ist so ein Verrückter, der immer aktiver Freizeitfußballer bleiben wird. Im Moment spielt er zwar vermehrt Tennis, zusammen mit seinem Enkel praktiziert er aber regelmäßig Tiki-Taka, spielt den Pass in die Tiefe des Raumes und bereitet sich für sein Comeback bei „Traktor Weilheim" vor.

Trak'Toor Weilheim – ursprünglich so geschrieben – gibt es seit Ende der siebziger Jahre, hervorgegangen aus dem Seminar für Allgemeine Rhetorik der Uni. „Wir waren zwar immer links orientiert, mit dieser Schreibweise wollten wir aber die martialischen Vereinsnamen des Ostblocks, wie Stahl, Partisan und Torpedo, verhohnepiepeln", sagt der Filmmanager Nieser, der bei Arsenal Filmverleih arbeitet.

HAST DU'S
BALD?

Über die Jahre hatte alles, was in Tübingen in der alten und neuen Linken, inklusive der Grünen, Rang und Namen hatte und kicken konnte, bei den Traktoren Fußball gespielt. Später kamen dann noch Fußballer aus der Kreativszene, hauptsächlich aus der Filmbranche, hinzu. Kein Wunder, dass der damals obligatorische Kick bei den Französischen Filmtagen mit lokaler Prominenz und Filmemachern, wie zum Beispiel Christian Petzold, zum großen Teil mit Spielern von Traktor Weilheim ausgetragen wurde. Zuweilen pfiff sogar der Bundesliga-Schiedsrichter Knut Kircher (TSV Hirschau).

Ganz nach Fredi Bobic („Wir haben den Anspruch, dass wir einen hohen Anspruch an uns haben.") war ihnen ein gewisses Niveau wichtig. „Uns ging es immer um Qualität, sowohl beim wöchentlichen Termin am Freitag, als auch bei Auswärtsspielen, unter anderem in England und Italien", betont Dieter Betz (55), Kollege und Mannschaftskamerad von Nieser, und lange Jahre Organisator der Truppe. Immerhin war das Team im letzten Jahrhundert mehrmals Württembergischer Meister der Freizeitfußballer.

Aber nicht nur in Sachen Qualität war Traktor Weilheim schon immer kompromisslos. Als einmal ein Neuer sich während eines Spiels als Befürworter des damals herrschenden Berufsverbots outete, unterbrach Nieser kurzerhand die Begegnung und setzte die Sportkameraden lautstark in Kenntnis: „Der hier ist für den Radikalenerlass!" So schnell wurde wohl noch nie ein Fußballer dieser Welt des Feldes und der Mannschaft verwiesen.

## Kommando Cup!
## Platzpflege für die Blutgrätsche

*Der Kommando Cup ist kein Fußballturnier, er ist eine jährliche Familienfeier, bei der nebenher gekickt wird. Seit er 1999 aus der Geburtstagsfete eines Gründungsmitglieds des „Kommandos Horst Hrubesch" entstanden ist, ist er Kult – nicht nur wegen des legendären Blutgrätschenwettbewerbs.*

Im letzten Jahr musste der Kommando Cup ausfallen, weil Wildschweine den alten Lustnauer Sportplatz umgegraben und unbespielbar gemacht hatten. „Bitte Rich, mach', dass der Cup nie wieder ausfällt", beschwor Frank Walz von den „Latin Gol" den Kommando-Kapitän Richard van Ess (42) bei der Siegerehrung. „Ich mähe auch den Rasen", versprach er am Mikrophon vor über 500 Zeugen.

Tatsächlich war das Gras noch am Vortag hüfthoch gestanden, als die Helfer vom „Kommando Horst Hrubesch" und den „Grasshoppers" mit vier Rasenmähern, Schubkarren und Schaufeln anrückten. Noch bis kurz vor Anpfiff der ersten Begegnung wurden Löcher im Rasen ausgefüllt und der Platz bespielbar gemacht. Unter diesen Bedingungen zeigten die Hobbykicker durchweg starke Leistungen, obwohl sie nicht wie unsere Nationalmannschaft auf topfebenem Rasenteppich der WM-Grassorte „Celebration" spielen konnten.

Die Organisatoren handelten ganz nach dem katalanischen Wahlspruch des verstorbenen früheren Barca-Trainers Tito Vilanova „Seny, pit i collons". Mit „Kopf, Herz und Eier" spielt man nicht nur erfolgreich Fußball, es ist auch das Rezept für die aufwändige Organisation der Familienparty. Schließlich gab es nicht nur 19 Mannschaften, inklusive einigen Mixed-Teams, zu koordinieren, sondern auch vielfältige Verpflegung,

Frisch gemähtes Grün, holpriges Geläuf und die gute alte Manndeckung:
der Kommando Cup.

Musikgruppen und den besagten Blutgrätschenwettbewerb. Auf einer gewässerten Plastikfolie zeigten Teilnehmer mit Anlauf die perfekte Blutgrätsche an einer
drapierten Puppe. Die Wertungen der Jury, bestehend
aus Freundinnen des Kommando-Teams, reichten von
„Ball gespielt", über „grobes Foul" bis hin zur Höchst-
wertung „verblutet".

Damit die Schweine nie mehr einen Strich durch die
Rechnung machen können, wurde die Gefahr im Voo-
doo-Stil gebannt. Der neue Wanderpokal ist eine Wild-
sau mit Ball am Huf in Ferkelgröße. Letzten Endes
konnten ihn die Kicker von den „Red Eyes" so wie einst
der Titan Oli Kahn in die Höhe recken („Da ist das
Ding") und der begeisterten Menge präsentieren. „Red
Eyes" hatte sich in einem Herzinfarkt-Finale gegen die
„Grasshoppers" im Elfmeterschießen durchgesetzt.

Hier zwischen Lustnau und Bebenhausen wurde
am vergangenen Samstag Johan Cruijffs „Totaalvoet-

bal“ gelebt. Auf dem Feld mit Außenverteidigern hoch, Innenverteidigern breit und spektakulären Toren. Und neben dem Feld mit Freundschaftspflege und Reggae im Hintergrund. Zwischenrein grüßte Horst Hrubesch höchstpersönlich über die Anlage und übermittelte die besten Wünsche für den Kommando Cup.

## Multi-Kulti Turnier!
## Auf die griechische Art

*Am Samstag lohnt sich ein Ausflug aufs Holderfeld: Beim Multi-Kulti Turnier ist der Fairness-Preis höher dotiert als der Turnier-Sieg.*

Sogar der weltberühmte britische Physiker Stephen Hawking ist pessimistisch. Die Chancen der Engländer als Weltmeister aus Brasilien zurückzukehren, sei gering. Auf Anfrage hatte er tatsächlich ihre Aussichten wissenschaftlich analysiert. Mit britischen Humor drückte er es so aus: „England könnte nicht mal einen Kuh-Arsch mit einem Banjo treffen." Dabei bezog er sich auf ihre traditionelle Elfmeterschwäche.

Vielleicht sollte Roy Hodgsons Truppe vor ihrem ersten WM-Spiel gegen Italien kurz noch auf dem Tübinger Holderfeld vorbeischauen, um sich dort Anregungen zu holen. Hier wird ganz nach Franz Beckenbauer („Fußball muss einfach bleiben, den muss sogar meine Oma verstehen.") attraktiver Fußball gespielt werden.

Für das Multi-Kulti Turnier am Samstag haben sich bereits über vierzig Mannschaften angemeldet: Hobbykicker aus Herkunftsländern der ganzen Welt. Aber auch Teams der Fraktion der Grünen und der Stadtwerke Tübingen wollen es wissen. Manuel Rongen, Vorsitzender des SSC Tübingen – der Verein ist frisch gekürt mit dem Integrationspreis der Stadt –, hat alle Fäden in der Hand: „Ohne meine 120 Freiwilligen aus dem Verein, würde nichts gehen." Und weil das Gastland des Turniers dieses Jahr Griechenland ist, helfen – gefühlt – sämtliche griechische Vereine der Gegend bei der Organisation mit, vom griechischen Frauenverein bis hin zum Verein griechischer Tänzer. Sie sorgen unter anderem für Essen und Getränke.

Weil den Organisatoren schöne und vor allem faire Spiele wichtig sind, ist der Fairnespreis höher dotiert als der Turniergewinn.

Reinhold Beckmann und seine peinlichen Versprecher wären endlich mal nicht ganz fehl am Platz („Das ist so Ouzo."). Vermissen wird ihn trotzdem niemand, haben sich doch andere Prominente angemeldet. So wird neben dem griechischen Generalkonsul aus Stuttgart, auch der Erste Bürgermeister Michael Lucke da sein und als eine seiner letzten Amtshandlungen die Siegerehrung durchführen.

Der Zuspruch ist immens. Rongen: „Bei mir rufen Geschäftsleute an und fragen, ob sie sponsern dürfen." Ein Grund für das große Interesse ist sicher die Tatsache, dass sämtliche Einnahmen dem Kinderschutzzentrum im griechischen Drama gespendet werden. Rongen hofft auf satte zehntausend Euro. Ein weiteres Argument ist der Fairnesspreis. Weil den Organisatoren schöne und vor allem faire Spiele wichtig sind, ist er höher dotiert, als der Turniergewinn. Aufgemerkt Fifa! Das wäre doch mal eine Aktion zur Verbesserung

Fußballtricks beim Multi-Kulti Turnier.

des angeschlagenen Images. Aber „das Unmögliche möglich zu machen, wird ein Ding der Unmöglichkeit" (Andreas Brehme). Es lohnt sich also, hoch zum Holderfeld zu pilgern. Nicht zuletzt, um zu sehen, wie die Engländer von den „O'Donovan's" die Elfmeter versenken – oder auch nicht!

# Fußball-WM Brasilien!
# Hauptsache „Coletes"

*Die Fußball-Weltmeisterschaft in Brasilien ist zu Ende. Traurig ist das Veranstalterland. Mehr denn je sind dort jetzt wohl Jugendtrainer gefordert, um noch mehr Talente herauszubringen. So wie „Betinho", den der in Brasilien lebende Tübinger Maschinenbau-Ingenieur Willi Burkhard gut kennt.*

„Ist die Info offiziell? … Ja, du weißt ja nie bei den schwindeligen Fifa-Flöten, ey." Fernseh-Moderator Matthias Opdenhövel konnte nicht wissen, dass beim Live-Stream der ARD nach dem Spiel gegen Portugal vergessen wurde, den Ton abzuschalten. Seither ist sein Seitenhieb ein Internethit. Nicht zuletzt deshalb, weil er den Fans aus dem Herzen spricht. Durch Kontrolle, Korruption, kulturelle und soziale Ignoranz hat die Fifa und ihr System ein Ereignis zugrunde gerichtet, das so viele Menschen auf der Welt begeistert und mobilisiert.

„Wenn Fifa und WM verschwinden, wird das den Fußball nicht zerstören. Er rollt einfach weiter, in unscheinbaren Vereinen am Stadtrand, auf staubigen Sandplätzen, in den Käfigen zwischen tristen Wohnblocks", schreibt die FAS kurz vorm Eröffnungsspiel. Tatsächlich kann sogar ein Sepp Blatter die Freude am Kicken nicht verderben – nicht hier in Tübingen und vor allem nicht in Brasilien. „Bolzplatz" hat sich vor Ort in Sao José dos Pinhais beim Freizeit-Fußballtrainer Carlos Roberto Alves Missaia (40), genannt „Betinho", davon überzeugt.

Kontakt zu ihm pflegt Willi Burkhard (71), ein Tübinger Maschinenbauingenieur, der seit 1972 in Brasilien lebt und arbeitet. Seine Heimatstadt hat er nie ganz verlassen. Zusammen mit seiner Frau verbringt

Jungs und Mädchen im Alter von fünf bis vierzehn Jahren spielen auf Beton und Sand. Hauptsache es gibt „Coletes".

er jedes Jahr die Sommermonate in Tübingen. Als Bub war er leidenschaftlicher Fußballspieler, der regelmäßig vom strengen Vater „den Ranza vollkriagt" hat, weil er mal wieder verbotenerweise auf dem „Kehrerplätzle", der frühere Bolzplatz zwischen der Eugen- und der Kiesächerstraße, gekickt hatte. Die abgewetzten Schuhe hatten ihn verraten.

Pinhais liegt im Süden von Brasilien im Großraum der Stadt Curitiba – mit drei Spielen ein Austragungsort der Weltmeisterschaft. Betinho ist dort Sportlehrer. Auch deshalb weiß er, was Fußball für Kinder bedeutet und was er damit bewirken kann. So bringt er nach dem Schulunterricht auf einem Bolzplatz dreimal in der Woche unter anderem Straßenkindern Technik und Taktik bei. Jungs und Mädchen im Alter von fünf bis vierzehn Jahren spielen auf Beton und Sand, und manchmal auch auf Rasen – wenn sie Glück haben, etwa bei Turnieren. Nicht alle haben Kick- oder Sportschuhe, oft müssen auch Sandalen reichen. Hauptsache es gibt „Coletes" (Leible), so dass sie Mit- und Gegenspieler unterscheiden können. Nicht unwichtig, denn ihr Ehrgeiz und der körperliche Einsatz ist groß. Da eifern sie ganz ihren Idolen nach. Sie üben ihre Gesten, ihre Bewegungen und ihre Tricks ein. Zum Beispiel den „Bicicleta", den Fallrückzieher. Er heißt so, weil es so aussieht, als trete man in der Luft in die Pedale. „Goleiro" (Torwart) wollen nur wenige sein, denn „frango" bedeutet einerseits, „den Ball fangen" und andererseits „vergeblich ein flatterndes Huhn jagen".

Betinho: „Manche von ihnen würden am liebsten den ganzen Tag kicken."

Viele wechseln später in Jugendmannschaften von Fußballvereinen. Das macht ihn gleichzeitig stolz und melancholisch. Obwohl sie ihn manchmal zur Weißglut bringen, wenn sie bei einem Fehlpass den Spieler necken und dem Unglücklichen dann auch noch die Hose runterziehen.

Die „schwindeligen Fifa-Flöten" haben keinen Schimmer, wie wichtig und wertvoll solche Freizeitkicker für den Fußball sind. Betinhos braucht der Fußball dringend! Braucht andererseits – wie die FAS fragt – der Fußball auch die Fifa-WM? Ein Nein birgt durchaus Vorteile: Die unteririschen Kommentare eines Béla Réthy oder die seichten GALA-Berichterstattungen einer Katrin Müller-Hohenstein, die das Usedom-Desaster noch toppen, würde man nicht wirklich vermissen, ey!

## Uni-Turnier!
## Tiefensprinter und Raumfüller

*Das Tübinger Uni-Turnier der Freizeitfußballer hat allein schon wegen den Namen der Teams seinen Reiz. Da versuchten diesmal beispielsweise „Gegen gegen Gegen" gegen ihre Gegner zu bestehen, „Drölf Wölfe" trafen „Hackstock".*

Methadon für WM-Junkies! Nach der Weltmeisterschaft hätte Fußballfans nichts Besseres passieren können, als der Finaltag des Uni-Turniers 2014 am vergangenen Freitag am Sportinstitut. Die beste Medizin, um sanft und trotzdem genussvoll von der Droge runterzukommen. Was ein grandioser Abschluss des Turniers der Freizeitfußballer, das bereits im Mai begonnen hatte. Nach insgesamt zwölf Spieltagen mit 110 Begegnungen spielten die Mannschaften die Plätze aus – und zwar alle: von 24 bis eins!

Alexander Leyh: „Manche Spiele hatten durchaus Landesliga-Niveau." Der fünfzigjährige Angestellte der Zentralen Verwaltung der Universität hatte das Turnier des Hochschulsports mal wieder im Alleingang auf die Beine gestellt, so wie jedes Jahr seit dem Wintersemester 2001/2002. Vor dieser Leistung „muss man den Hut zollen" (Dieter Hecking).

WM-Experte Mehmed Scholl hätte auch auf dem Fußballplatz an der Wilhelmstraße seine Freude gehabt: „Da prallen Athleten aufeinander. Und das ist schön zu sehen." Tatsächlich kämpften die Endspielgegner „Spassletico" und „Gegen Gegen Gegen" um jeden Zentimeter des holprigen Rasens. Hart aber fair! Mit Typen, mehr oder weniger treffend beschrieben mit den Ein-Satz-Portraits des deutschen Sportjournalismus: So waren „der pfeilschnelle Tiefensprinter mit starkem ersten Kontakt" und „der vorstoßende, raum-

Das Finale: die späteren Sieger „Spassletico" in weißblauen Trikots gegen „Gegen Gegen Gegen".

füllende Achter" genauso vertreten wie „der Gott des Halbraumdribblings".

Altgediente Teams wie „Terra Rossa" oder „Kommando Horst Hrubesch" scheinen in diesem Jahr „in einer Leistungsdelle" (Martin Kind) zu sein. Während „Terra Rossa" Platz 17 belegte, schaffte es „Kommando Horst Hrubesch" nicht, seinen Titel zu verteidigen und landete auf dem fünften Rang. Die Hobbykicker der „Torpedos" – einer ihrer Spieler will der erste Straßenfußballer sein, der in der Nationalmannschaft aufläuft – mussten gar mit einer neu eingeführten Trophäe nach Hause gehen: einer roten Laterne.

Mannschaften wie „Hackstock", „Drölf Wölfe" oder „L'Equipe" landeten schon bei ihrem ersten Uni-Turnier unter den acht Erstplatzierten. Auch davon ist Leyh ganz begeistert: „Dass Frauen mitkicken ist inzwischen ja eine Selbstverständlichkeit. In diesem Jahr aber haben einige ihr eigenes, gemischtes Team angemeldet und leiten als Schiedsrichterinnen andere Spiele."

Und wer hat schließlich das Finale gewonnen? „Spassletico" setzte sich im Elfmeterschießen in David-

Um ihn geht's: der Wanderpokal des Uni-Fußballturniers.

Alaba-Manier durch: „Beim Elfer trieb sein Bayern-Gen dann aber eine Blüte von kalt-schimmernder, nervenloser Schönheit" (Der Standard).

## Dominik Schaal!
## Bei Hobbykickern überflüssig

*Freizeitfußballer brauchen keine Schiedsrichter. Auch Schiedsrichter brauchen keine Schiedsrichter, wenn sie selber kicken. Als Bundesliga-Assistent hat der Pfrondorfer Dominik Schaal heute kaum noch Zeit, auf Bolzplätzen zu spielen – Fußballtennis spielen die Schiedsrichter dagegen bei Lehrgängen.*

Als der Schiedsrichter dem legendären Willi „Ente" Lippens eine gelbe Karte vor die Nase hielt: „Ich verwarne Ihnen!", antwortete der schlagfertig: „Ich danke Sie!". Flugs zückte der Schiri die rote Karte und schickte ihn vom Platz.

Dominik Schaal (28) grinst: „Der Stil damals war sehr autoritär. Heute sind die Schiris kommunikativer und würden wahrscheinlich zusammen mit „Ente" Lippens herzlich darüber lachen." Der Pfrondorfer muss es wissen, schließlich ist er DFB-Schiedsrichterassistent in der ersten Bundesliga. Im Hauptberuf ist er Sonderschullehrer. Erfahrungen, die ihm sicher helfen, zusammen mit seinem Schiedsrichter, die Partien nach den Vorschriften zu leiten. Dabei umfasst das offizielle Regelwerk der FIFA überraschender Weise insgesamt nur 17 Spielregeln.

Begonnen hat alles Mitte des neunzehnten Jahrhunderts, mit Cambridge als Geburtsort des modernen Fußballs. Bis ins Jahr 1863 wurde an englischen Eliteschulen eine Mischung aus Rugby und Fußball gespielt. Es kam zum Streit innerhalb der neu gegründeten Football Association (FA). Die Studenten der Universität verabschiedeten schließlich Regeln, die dem Fußball zum Durchbruch verhalfen. Gespielt werden durfte nur noch mit dem Fuß. Beinstellen, Festhal-

Dominik Schaal (links) beim Warmlaufen mit Knut Kircher.

ten, Handspiel und Umnieten war nicht mehr erlaubt. Um Streitigkeiten zu verhindern und um die Vorgaben durchzusetzen, installierten sie einen Schiedsrichter.

Auch die Freizeitfußballer kicken nach FIFA-Regeln – mehr oder weniger! Auf einen Schiedsrichter allerdings verzichten sie. Um die Regeln trotzdem einzuhalten, gibt es klare Absprachen, so entscheidet bei einem vermeintlichen Foul ausschließlich der Leidtragende auf Freistoß.

Dominik Schaal wäre also bei den Hobbykickern überflüssig. Er kommt damit gut zurecht, denn mit Bundesliga-Einsätzen, Videoanalysen, Lehrgängen und Schulungen ist die Freizeit des werdenden Vaters völlig verplant. Obwohl er den Freizeitfußball überaus schätzt, er hätte schlichtweg keine Zeit. Trotzdem ist er nicht gestresst: „Ich gehe doch meiner absoluten Leidenschaft nach." Und das bereits seit er mit 15, ohne sein Wissen, vom Vater zum Schiri-Lehrgang angemeldet wurde. Back to the roots: Neben der Bundesligaassistenz, pfeift er als Unparteiischer manchmal auch Oberliga-Spiele – mit viel Spaß und Erfolg. Auch Loddar Matthäus hätte sicher seine wahre Freude daran: „The referee did a good blowjob".

Fußballbegeistert war Schaal schon immer, so hat er alle Jugendmannschaften des SV Pfrondorf durchlaufen. Das Spiel hat er gründlich gelernt – zusätzlich auf allen Bolzplätzen im Flecken. Auch später noch war Selberkicken regelmäßig angesagt, jeden Montag nach Ausdauer- und Krafttraining, als Bundesliga-Schiedsrichter Knut Kircher noch Obmann der Tübinger Gruppe war. Auch sie kickten ohne Schiri, allerdings mit der entgegengesetzten Regel: nicht der Leidtragende entscheidet auf Freistoß, sondern der Foulende! Inzwischen spielen sie bei Lehrgängen lieber Fußballtennis.

## Volksgarten-Kicker!
## Tübingens Pöhler

*Hier sind sie: die wahrscheinlich einzig wahren Straßenki-cker Tübingens. Denn die Volksgarten-Kicker, die haupt-sächlich aus den Martin-Bonhoeffer-Häusern kommen, spielen tatsächlich auf der Straße. Auf hartem und unge-sundem Asphalt.*

Würde Dortmunds Bundesligatrainer Jürgen Klopp zufällig am Sonntagnachmittag um halb drei am Volksgarten in der Tübinger Südstadt vorbeikommen, er würde seine Kappe mit der Aufschrift „Pöhler" zie-hen und das haartransplantierte Haupt vor Ehrfurcht neigen. Trotz Jugend-Akademien und Leistungszent-ren gilt nicht nur für ihn der Straßenfußball immer noch als die beste und auch härteste Fußballschule überhaupt.

Hart im wahrsten Sinne des Wortes, denn die wahr-scheinlich einzig wirklichen Pöhler (Straßenkicker) Tübingens spielen nicht auf Rasen, Sand oder Tartan, sondern auf einem humorlosen Asphalt, der auf dem Bolzplatz hinter der Eberhardskirche liegt. Ein Belag, der nicht nur Muskeln, Sehnen und Gelenke gnaden-los malträtiert, sondern auch die Ausrüstung. „Pro Jahr verschleißen wir hier mindestens sechs Bälle und jeder Kicker zwei Paar Schuhe", sagt Jürgen Ebert (58). Er ist Sozialpädagoge in der dezentralen, sozialtherapeu-tischen Wohngruppe in der Katharinenstraße – sie ist eine von vier Jugendwohngruppen der Martin-Bon-hoeffer-Häuser (MBH).

Die Einrichtung engagiert sich seit mehr als vier-zig Jahren in der sozialpädagogischen und -thera-peutischen Arbeit für Jugendliche, Familien und ihre Kinder. MBH hat sich die ganzheitliche Persönlich-

Die Volksgarten-Kicker spielen nicht auf Rasen, Sand oder Tartan, sondern auf einem humorlosen Asphalt.

keits- und Menschenbildung auf die Fahnen geschrieben. So steht Bildung, Kunst, Kultur und Bewegung auf dem Plan. Seit zweieinhalb Jahren explizit auch Fußball: Die Brüder Marwan (17) und Mohannad (21) hatten „die Hand ins Heft genommen" (Thomas Helmer) und nicht nur andere Jugendliche für das gemeinsame Kicken begeistert, sondern auch MBH selbst. „Inzwischen vertritt mich ein Kollege, in der Zeit, in der ich mit den Jugendlichen hier Fußball spiele. Das unterstützt mein Arbeitgeber", sagt Ebert anerkennend.

Jeden Sonntag treffen sich zwölf bis achtzehn Jungs und auch Mädels im Alter von vierzehn bis dreiundzwanzig Jahren. Mitkicken darf jeder: aktuelle und ehemalige Bewohner der Wohngruppen und auch Kiezbewohner der Südstadt. Wind und Wetter kann sie nicht abhalten, auch kniehoher Schnee nicht. Der wird kurzerhand mit Schneeschippen vom Platz geräumt. „Von der Einstellung her stimmt die Einstellung" (Andreas Brehme), tatsächlich bedeutet dieser Spieltermin viel für die Jugendlichen. Manche von ihnen haben ähnliche Erfahrungen wie die beiden Brüder Marwan und Mohannad, die vor dem Krieg aus dem Irak auf abenteuerliche Weise flüchten mussten. Sie landeten in Deutschland und die Eltern auf verschlungenen Wegen unbeabsichtigt in Italien. Weil sie dort Asyl beantragt hatten, dürfen sie nur selten die Söhne besuchen. Wenn, dann sitzen sie am Spielfeldrand und beklatschen hingerissen alle Aktionen. Das Niveau ist überraschend hoch, sie spielen fair bei „högschdem Tempo" (Jogi Löw) und „ohne Tal und Fehdel" (Jochen Hageleit).

Kloppo kann beruhigt seine Kappe wieder übers zugepflanzte Frischhaar ziehen, mit seinem Philips rasiertem Gesicht im Puma-Shirt auf der Volksbank in seinem Opel Platz nehmen und weiterscouten. Für Pöhler-Nachwuchs ist gesorgt – jetzt warten sie auf Angebote aus Dortmund.

## Junge Erwachsene!
## Kein Mitleid in der Halle

*Sie kicken immer in der Halle und viele sind nicht mehr ganz so frisch, wie der Name glauben machen will. Beim CVJM-eigenen Tübinger Fußballteam „Junge Erwachsene" haben sie es oft nicht leicht gegen die tatsächlich jungen Hobbyfußballer. Oft reicht eine einzige Aktion!*

Weicheier, Beim-Fußballgucken-Apfelschorle-Trinker, Fingerherzchen-Former, Fernsehkamera-Winker, Stutzen-über-die-Knie-Zieher – was haben sich die Hobbykicker von „Junge Erwachsene" nicht schon alles anhören müssen. Und das nur, weil sie seit über dreißig Jahren in der Halle kicken. Weder Rasen, frische Luft, noch Fritz-Walter-Wetter lockt sie ins Freie. „Als wir es tatsächlich einmal versuchten, mussten wir gleich drei Bänderrisse beklagen", sagt Helmut Walker. „Selbst ein Reus, Götze oder Özil hätten Umstellungsprobleme."

Davon ist der Vierundfünfzigjährige überzeugt. Wie? Vierundfünfzig? Und „junger Erwachsener"? Obwohl sich der Personalentwickler bestens gehalten hat, passt das nicht wirklich zusammen. Walker klärt auf: Damals als er 1982 seinen Zivildienst ableistete und zu der CVJM-eigenen Fußballtruppe stieß, korrespondierten Alter und Team-Name durchaus. Bei mindestens der Hälfte der jetzigen Spieler tun sie es immer noch. Grund genug, dieses seither existierende Ergänzungsangebot im Programm des Christlichen Vereins Junger Menschen nicht umzutaufen.

Oft sind es Studenten, die im CVJM ihrer Heimatstädte engagiert sind und nun am Studienort kicken wollen. „Unser Problem ist, dass die Neuen immer gleich alt sind. Wir aber immer älter werden", sagt der

KÄNGURUHLEDER!
DIE SPRINGEN VON SELBST!

steuerliche Berater Martin Möhle (50). Trotzdem ist die Truppe „gut intrigiert" (Loddar Matthäus). Meistens spielen am Montagabend in der Tübinger Kreissporthalle Alt gegen Jung. Und die Silberrücken ziehen sich oft „toll aus der Atmosphäre" (Sportreporter Edgar Endress). Wenn einmal nicht, dann lassen sich die Erfahrenen nichts anmerken. Möhle: „Wir wollen kein Mitleid, auch wenn es zehn zu null Toren steht." Selbst bei einer drohenden Blamage, der Fußballabend lohnt sich schon durch eine einzige, geniale Aktion. „Das Schönste ist doch, wenn die unerwartete Torvorlage passgenau den Fuß des Kameraden findet", schwärmt Walker. „Der dann nur noch den Schlappen hinhalten muss."

Auch wenn einer mal den Gegenspieler mehr oder weniger absichtlich „ganz leicht retuschiert" (Olaf Thon), kommen keine Aggressionen auf. Es hält aber auch niemand die andere Wange hin. Beide Kicker „krempeln dann die Arme hoch" (Reiner Calmund) und spielen weiter. Überhaupt sei der Mannschaftssport nicht geeignet, um Aggressionen abzubauen. Walker ergänzt: „Die, die das wollen, sollen lieber irgendwelche Geräte malträtieren." Albert Camus habe im Übrigen vollkommen recht: „Alles, was ich über das Leben weiß, verdanke ich dem Fußball." Teamfähigkeit, Verantwortung übernehmen, mit Niederlagen umgehen, Siege angemessen feiern – darum gehe es doch, auch und gerade beim Kicken. Dabei ist spontanes Feedback garantiert! Walker: „Du bekommst entweder einen auf die Socken oder eben keinen Ball."

# Hinter Mailand!
## Vereinszweck: Kunst am Ball

*„Hinter Mailand" macht die Tübinger Freizeitfußballszene bunter: Mit der Rose als Vereinsheim, regelmäßigem Baden in der Ammer – und einer Filliale in München.*

Uli Hoeneß ist nicht nur ein Ignorant in Sachen Steuern, auch beim Thema „Frauen und Fußball" outet er sich als Banause. „Ich dachte, wir reden über Fußball", gab er süffisant zum Besten, als es bei einer Talkrunde um die Frauen-WM ging. Aber auch andere Möchtegern-Experten entblöden sich nicht bei diesem Thema. Der Comedian Dieter Nuhr: „Männer haben 100 Gramm mehr Gehirn als Frauen – da ist unter anderem die Abseitsregel drin."

Sie sollten sich – sofern sie Eier und Freigang haben – eines Besseren belehren lassen, ihre Plautzen und Storchenbeinchen mit Sporthosen schmücken und bei „Hinter Mailand" dienstags am Sportinstitut mitkicken. „Unser Mitspielerinnen haben einen großen Anteil an unserer Spielkultur" sagt Martin Heer (34). „Und das von Beginn an im Jahr 2000." Der Klimaschutzmanager war über drei Jahre lang Trainer der Auswahlmannschaft der Fußball-Frauen der Universität Tübingen. Er weiß, wovon der spricht.

„Verein für Kunst am Ball" – für die Freizeitfußballer ist Name Programm. „Es geht ums Jogo Bonito! Nicht mehr das schöne Spiel der Brasilianer, sondern neuerdings das der Deutschen", sagt verschmitzt grinsend der Gymnasiallehrer Calin Pocanschi (44). „Kicken darf bei uns, wer ein gewisses fußballerisches Niveau hat und wer zu uns passt – egal ob männlich oder weiblich." Heer ergänzt vielsagend: „Und wenn eine der Fußbal-

„Kicken darf bei uns, wer ein gewisses fußballerisches Niveau hat."

lerinnen zufällig Chefin von zwei anderen Mailändern ist, dann ist das auch kein Problem."

Obwohl sie die Lustnauer Rose als Vereinsheim auserkoren haben, ist es zum guten Brauch geworden, den Fußballabend noch auf dem Platz ausklingen zu lassen. Im Sommer bei Bier und einem Bad in der Ammer. Im Winter ohne Ammersprung, dafür aber mit Glühwein.

Manche Kicker reisen extra aus Stuttgart an, so wichtig ist ihnen der Fußballabend. In der bayerischen Hauptstadt haben zwei Ehemalige die Filiale „Hinter Mailand München" eröffnet. Auch hier ist Niveau und Einstellung unerlässlich. Ein Loddar Matthäus hätte keine Chance, nicht mit dieser Mentalität und diesem Spieltrieb: „Ich möchte keine Frau sein, sonst würde ich immer an meinem Busen spielen."

Die Entfernung hindert die Münchner nicht daran, den Jahresabschluss in Lustnau ausgiebig mitzufeiern und Knolle, dem Rosenwirt, beim Aufstuhlen zu helfen. In solch besinnlichen Stunden kommt man schon mal auf die Idee, auch gefangene Mitbürger, etwa der Justizvollzugsanstalt Landsberg, zu beschenken: ein Sky-Abo ausschließlich für Frauenfußball.

# Hermann Bausinger!
# Fußball statt Karl May

*Einst führte er den Ball auf dem staubigen Hinterhof der Gewerbebank in Aalen. Später die Volkskunde in die empirische Kulturwissenschaft. Der emeritierte Tübinger Professor Hermann Bausinger wurde sogar kurz „Nationalspieler" – in der Kriegsgefangenschaft.*

„Kleine Feste im Alltag. Zur Bedeutung des Fußballs", so der Titel eines Textes im Buch „Sportkultur" von Hermann Bausinger. Als emeritierter Professor an der Universität Tübingen und ehemaliger Leiter des Ludwig-Uhland-Instituts für Empirische Kulturwissenschaft hat er nicht nur theoretisch viel zum Thema Fußball zu sagen – immerhin zählten unter anderem Alltagskultur, Kultur- und Sozialgeschichte zu seinen Forschungsschwerpunkten. Auch ganz praktisch weiß er, wovon er spricht. „Fußball spielt schon immer eine zentrale Rolle in meinem Leben." Auch jetzt noch verfolgt der 88-Jährige intensiv die Szene. Und typisch für ihn und seine Berufung: nicht nur die höchsten Ligen, auch die unteren Regionen und die Hobbykicker interessieren ihn.

Schon mit vier Jahren hat er zusammen mit seinem älteren Bruder Ernst begonnen, in Aalen auf der Straße zu kicken. Wenn der Verkehr zu stark wurde, mussten sie in die steile Sackgasse umziehen und „Nauf gega Naa" spielen. Später dann durften sie stundenlang im staubigen Hinterhof der Gewerbebank dribbeln, bis alle zum Abendessen gerufen wurden oder der Besitzer des einzigen Lederballes im Viertel seine Macht ausspielte und einfach ging. Mit dem Krawall und dem Bolzen auf die Garagentore mussten die Angestellten leben, schließlich hatte Vater Bausinger das Sagen in der Bank.

Hermann Bausinger, emeritierter Professor an der Universität Tübingen und ehemaliger Leiter des Ludwig-Uhland-Instituts für Empirische Kulturwissenschaft.

Überhaupt sei der an allem schuld. Er habe mit seiner Begeisterung für Fußball seine Jungs angesteckt. Vor dem Umzug auf die Ostalb hatte der Vater in Pfullingen den Fußballverein mitbegründet und selber gekickt. Als Bankvorstand dann nicht mehr, der sonntägliche Besuch zusammen mit seinen Söhnen im Stadion des VfR Aalen war aber Tradition. „Er hat uns den Trick verraten, erst in der zweiten Halbzeit reinzugehen", noch heute amüsiert sich Bausinger. „Einfach weil es billiger war."

Fußball passiv oder aktiv, die Erinnerungen daran sind die intensivsten seiner Kindheit und Jugend. „Statt

Karl May zu lesen, haben wir gekickt." Auch während der Schulzeit und sogar in amerikanischer Gefangenschaft in Frankreich. Dort hat er es tatsächlich zum „Nationalspieler" gebracht. Deutschland – Polen: die deutschen Insassen gegen die polnische Wachmannschaft. „Wir haben dummerweise 3:0 gewonnen. Hinterher waren sie sehr viel unfreundlicher als vorher."

Auch während seiner akademischen Laufbahn in Tübingen spielte er gelegentlich Fußball, einmal mit Walter Jens im Tor und Alt-OB Eugen Schmid an seiner Seite. „Ich war immer Rechtsaußen." Und mit seinem typisch verschmitzten Lachen stellt er klar. „Ausschließlich auf dem Fußballplatz."

Die Bedeutung und die Macht des Fußballs im täglichen Leben faszinieren ihn immer noch. Und wenn er über dessen Funktionen wie Fairness und Integration spricht, dann drückt er es als einer der führenden deutschen Kulturwissenschaftler wesentlich gewählter und gesellschaftsfähiger aus als andere Fußballexperten. Nicht so wie Reporter Gerd Rubenbauer: „Einen Brasilianer in eine Hintermannschaft zu integrieren, ist ungefähr so, als würde man einen Roulettespieler bei einer Bank beschäftigen."

## Festung Tübingen!
## Ein Foul für die Liebe

*Wie es sich für Archäologen gehört, halten die Kicker der „Festung Tübingen" das Fair-Play hoch und setzen auf körperloses Spiel. Und wenn es doch mal ein Foul gibt, wird aus der Erstversorgung der Beginn einer großen Liebe.*

Er selbst hat noch keinen gefunden, obwohl der Doktorand der Ägyptologie Stefan Baumann (31) regelmäßig in Nordafrika buddelt. Tatsächlich soll die Wahrscheinlichkeit, bei Ausgrabungen einen Ball zu finden, gar nicht so klein sein. Ausgestopft mit Palm- und Papyrusfasern und mit gestepptem Leder oder Stoff überzogen, nahmen die alten Ägypter nicht selten einen Ball mit ins Grab.

Renommierte Archäologen sind davon überzeugt, dass gerade die Ägypter circa 3000 vor Christus die ersten waren, die gekickt haben. Sogar noch ein paar Jährchen vor den Chinesen, die lange als die Erfinder des Fußballs galten. Auch sie hatten „einen Ball, aus Leder gemacht, gefüllt mit irgendwas, damit man ihn umherkicken kann, zur Erholung, wenn man Zeit dafür hat" (Chinesische Schriftzeichen aus dieser Zeit). Exakt die Motivation der Fußballer von „Festung Tübingen", auch heute noch: 5000 Jahre danach. „Dazu kommt noch, dass wir als eingeschworene Truppe erfolgreich sind", ergänzt Baumann.

Die Mannschaft der Archäologie-Fächer auf Schloss Hohentübingen ist in der Tat die Nummer eins der offiziellen Fünf-Jahres-Rangliste des Winckelmanncups. Faktisch sind sie damit Europas bestes Archäologen-Team. Und das ist nicht „hochkristallisiert" (René Adler), schließlich treffen sich jedes Jahr über siebenhundert Buddler aus ganz Europa und sind bei diesem

Das Emblem der Freizeitkicker der „Festung Tübingen".

Turnier zur Abwechslung nicht unter, sondern auf dem Rasen aktiv.

„Zum Turnier kommen ehemalige Mitspieler aus Wien oder Italien extra angereist", erzählt begeistert Gerlinde Bigga (32). „Und wenn der Teamkollege aus Südkorea mal nicht kann, dann schickt er zum Ausgleich einen Ball." Die Doktorandin der Urgeschichte ist eine von drei Frauen, die regelmäßig mittwochs in Lustnau und sonntags hinterm Freibad mittrainieren. Sie hat auch die erste Teilnahme am Uniturnier im Sommersemester organisiert. „Allerdings waren wir überrascht vom körperbetonten Spiel", stellt Uwe Meyerdirks (39) fest, Doktorand der Landesgeschichte und Gründungsmitglied der „Festung Tübingen". Schließlich unterscheidet sich ihre Spielauffassung grundlegend von der Klaus Augenthalers („Fußball ist nur dann schön, wenn du hinterher einen Verband trägst.").

Auch die Teamkameraden der „Festung Tübingen" haben sich gern.

Meyerdirks: „Wir sind die kleinen, schnellen Trickser, die eher körperlos kicken." Andererseits war er es, der einmal durch ein zwar harmloses, aber gezieltes Foul für das Liebesglück seiner Mitspielerin sorgte. Gerlinde Bigga kümmerte sich als Erste um den verletzten Gegenspieler. Aus der Erstversorgung wurde dann Liebe.

## Spielerfrauen!
## Hauptsache, alle gesund zurück

*Sie tragen selten Gucci-Täschchen spazieren, aus denen Köpfe weißer Hündchen gucken. Und auch sonst ist es nicht immer das süße Leben, Spielerfrau von Freizeitfußballern zu sein. So wie die Tübingerinnen Dorre Griebler-Rau und Miriam Mörz.*

Auf die Frage, ob ein Fußballstadion nicht auch einmal nach einer Frau benannt werden sollte, bemerkte Johannes Rau: „Und wie sollen wir das denn nennen? Dem-Ernst-Kuzorra-seine-Frau-ihr-Stadion?" Warum denn nicht? Nicht nur der verstorbene ehemalige Bundespräsident unterschätzt die Wichtigkeit der Spielerfrauen – jedenfalls jener der Freizeitfußballer. Sie sind keine Models, Schmuckdesignerinnen oder Moderatorinnen, sondern nehmen am wirklichen Leben teil. So wie die Psychologische Beraterin Dorre Griebler-Rau (62) und die Physiotherapeutin Miriam Mörz (29). Spielerfrau ist kein einfaches Schicksal und auch kein „Traumberuf", wie Mehmed Scholl meint. Beide werden schon mal mitten in der Nacht, nach dem Fußballabend und seiner Aufarbeitung beim Bier, geweckt und von den Großtaten ihrer Helden in Kenntnis gesetzt. Allerdings lässt sich Griebler-Rau für diesen einen Satz gerne mal den Schlaf rauben: „Alle Mann gesund aus dem Kampf zurück!". Immerhin spielen oft auch beide Söhne und der Schwiegersohn mit.

Trotz der Verletzungsgefahr würde sie ihre Männer nie vom Kicken abhalten. Auch Mörz ist überzeugt: „Das tut ihm richtig gut und er ist ausgeglichen." Sie stehen voll hinter ihren Freizeit-Champions, auch wenn die Begeisterung mitunter seltsame Blüten treibt. So muss der Urlaub direkt nach dem Fußballtermin begin-

Spielerfrauen Dorre Griebler-Rau (links) und Miriam Mörz.

nen und möglichst vor ihm enden. Nur keinen Jour fix versäumen. „Ich komme meinem Mann terminlich ja entgegen, wo es nur geht", sagt lachend Griebler-Rau, sie wünscht sich aber auch hier die Beweglichkeit, die ihn als Torwart auszeichnet.

Im Gegensatz zu den Puppen-Anhängseln der Fußballprofis kennen sie sehr wohl Regeln und Taktik des Spiels. Als Handball-, Tennis- und Volleyballspielerinnen wissen sie, worum es geht. Die Abseitsregel erklären sie verständlicher als murmelnde Münchner Möchtegern-Philosophen. Und wenn ihr Liebster sich nicht ganz fit fühlt, dann rät Mörz sachkundig: „Schee ruhig von henda raus spiela".

Mit einem Vorurteil wollen sie aber gründlich aufräumen: Ihre Sporttaschen packen die Männer schon selbst. Auch die Wäsche erledigen sie in Eigenregie. „Höchstens er bittet mich nett", sagt Mörz. „Oder die Leible liegen zufällig im Wäschekorb", ergänzt Griebler-Rau. Schließlich sei Haushalt und Erziehung schon immer gemeinsame Sache gewesen. Das Singen von Fußballliedern zusammen mit den Kindern, während sie im Küchentürrahmen schaukelten, gehörte für ihren Mann dazu. Das klappt inzwischen auch mit den Enkelkindern ganz gut, bevor sie – man lese und staune – selig einschlafen.

# Turbine Waldhorn!
# Zunehmend No-Touch

*Als es das Wort Sportsponsoring noch gar nicht gab, da spielten die Freizeitfußballer der in Lustnau gegründeten „Turbine Waldhorn" schon mit Werbung auf dem Trikot. Noch heute kicken viele von damals – oder fischen Bälle aus der Ammer.*

Maria war der Grund. Die kickenden Sportstudenten waren Mitte der 1970er Jahre so fasziniert von der aparten, Opel Admiral fahrenden Wirtin, dass sie sich regelmäßig nach dem Fußballabend bei ihr in Lustnau trafen. Mehr noch: sie nannten sich sogar nach ihrem Lokal: „Turbine Waldhorn". Und während der DFB sich immer noch über das Hirsch-Logo des Schnapsherstellers Günter Mast auf dem Trikot der Eintracht Braunschweig echauffierte, stattete Maria ihre Stammgäste schon mit einem Satz Trikots aus. Somit waren die Turbinen wohl die ersten Freizeitfußballer der Republik, die in den Genuss von Sportsponsoring kamen, lange bevor Trikotwerbung in der Bundesliga so richtig „Ouzo" (Reinhold Beckmann) wurde. Und rund dreizehn Jahre bevor 1988 der englische Kondomhersteller London Rubber Company den FC Homburg sponserte und der damalige Vorsitzende des Ligaausschusses, Gerhard Mayer-Vorfelder (MV), darin einen Verstoß gegen „Grundsätze der Ethik und Moral" sah. In diesen Themen galt MV schon immer als Experte: „Es soll nicht chauvinistisch klingen, aber hätten wir 1918 die deutschen Kolonien nicht verloren, hätten wir heute in der Nationalmannschaft wahrscheinlich auch nur Spieler aus Deutsch-Südwest."

Nach Gastspielen auf anderen Plätzen, kicken die ehemaligen Turbinen wieder beim Sportinstitut,

obwohl es zunehmend schwieriger wird, dort einen Termin zu ergattern, und obwohl die Ammer vorbeifließt. „Normalerweise werden die technisch limitierten Spieler so aufgestellt, dass sie in die andere Richtung stürmen", witzelt Sepp Buchegger (66), der selbst gerne die „falsche Sechs" spielt. Aber auch Feinmotoriger semmeln immer wieder mal den jeweils aktuellen WM-Ball, den sich das Team leistet, über die Balustraden und – bei Hochwasser unwiederbringlich – in den Bach.

Genauso wie der Zeichner und Buchautor, lieben auch seine Mannschaftskameraden – viele mit ausländischen Wurzeln, vor allem iranische – das gepflegte One-Touch-Spiel. „Mit zunehmenden Alter auch das No-Touch-Spiel", ergänzt Buchegger lachend. Das ist möglich, weil die Kicker die Laufwege kennen und die Mechanismen eingeschliffen sind. Kein Wunder nach vierzig Jahren! Trotzdem hätten Pep, Kloppo und Favre ihre wahre Freude daran. Heute wie damals, als die Turbinen „auf dem Platz den Hintern in die Hand nahmen und Gas gaben" (Thomas von Heesen), um beim Uniturnier das Team des damaligen Sportstudenten Dieter Hoeneß vom Platz zu fegen, obwohl der fähig war, „eine Kiste Bier aus dem Strafraum zu köpfen" (Jörg Dahlmann). Ihre Erfolge feiern sie nach wie vor in Lustnau, jetzt allerdings in der „Rose" bei der wunderbaren Iris.

## Atlético!
## Das Humorniveau hoch halten

*„Wir haben einen Hau", räumt ein Kicker von Atlético Tübingen ein. Was Erfolg nicht ausschließt: Beim Uni-Turnier hat das Team fünf Mal in Serie das Finale erreicht. Und zwei davon gewonnen.*

Wer meint Fritz Walters Satz „Der Schlüssel zum Erfolg ist Kameradschaft und der Wille, alles für den anderen zu geben" sei „Schnee von morgen" (Jens Jeremies) und treffe nicht zu, der unterschätzt die Wichtigkeit des Zwischenmenschlichen beim Fußball – sowohl in der Bundeliga als auch auf dem Bolzplatz. Mit dem Geist von Spiez, der verschworenen Gemeinschaft von Malente und der Atmosphäre im Campo Bahia kann man diesem Missverständnis „ganz widerschieden entsprechen" (Kanzleramtsminister Altmaier). Der englische Fußballprofi Steven Gerard bringt es auf den Punkt: „Brasilien hat Neymar. Argentinien hat Messi. Portugal hat Ronaldo. Deutschland hat eine Mannschaft." Nicht umsonst hat der Carlsen-Verlag Sammy Drechsels legendären Fußballroman von 1955 „Elf Freunde müsst ihr sein" vor zwei Jahren neu aufgelegt. Die Mannschaft ist der Star. Ein Satz für das Phrasenschwein, aber dadurch nicht weniger wahr – heute wie damals.

„Es ist utopisch, dass alle elf Spieler auf dem Platz befreundet sind", sagt der HSV-Torwart René Adler und erklärt damit auch, eher unfreiwillig, den miserablen Tabellenstand seines Vereins in der Bundesliga. „Atlético Tübingen" dagegen ist ein eingeschworener Haufen aus Freunden. Nicht zuletzt deshalb sind die Hobbykicker die erfolgreichste Mannschaft der letzten Jahre des Uni-Sommerturniers: fünf Finalteilnahmen in fünf Jahren, zwei davon gewonnen.

„Wir haben einen Hau", sagt lachend der Lehramtsreferendar in spe David Krause (28) und erzählt von ihren kreativen und durchgedrehten Ideen und Aktionen. Da tauchen kurz vor wichtigen Finalspielen schon mal komplett durchorganisierte Pressekonferenzen im Internet auf. Das Massenblatt BLÖD berichtet als Aufmacher mit dicken Balken über das Team. Und Angie wird fotografiert, wie sie statt Schweini und Poldi, Florian und Felix in der Umkleidekabine herzt.

Dabei sind die meisten Atléticos gar nicht die begnadeten Kicker vor dem Herrn. Zwar haben die aktiven und ehemaligen Sportstudenten Mannschaftserfahrung genug, doch längst nicht alle im Fußballverein. „Das Humorniveau hoch zu halten und die Freundschaften zu pflegen, ist uns wichtig", sagt Matthias Kipke, Gründer und Ehrenpräsident. Die Fangemeinde spielt dabei eine große Rolle, mitunter feuern einhundert Zuschauer ihr Team mit Banner, Böller und Bier frenetisch an. Jetzt gilt es, die Endspiele noch effizienter zu spielen und auf Giovanni Trapattoni zu hören: "Be careful with the cat. Don't say, that you have the cat in the sack, when you don't have the cat in the sack."

## Walle Sayer!
## Wirklich feindliche Brüder?

*Von Camus und Sartre wissen wir, dass sie Fußball-Fans waren. Aber auch andere Intellektuelle wie den Tübinger Literaturwissenschaftler Jürgen Schröder hat der Kick immer begeistert.*

Sport und Literatur seien „im Grunde feindliche Brüder", schrieb Marcel Reich-Ranicki im Jahr 1964. Anlässlich der Fußball-Weltmeisterschaft 2006 in Deutschland stieß er ins gleiche Horn, der Sport sei „ungleich einfacher, primitiver, oberflächlicher" als die Literatur. Bei allem Respekt, da war der „Litterraturr"-Papst mindestens auf einem Auge blind. Spätestens seit Beginn des zwanzigsten Jahrhundert gibt es eine große Anzahl literarischer Texte zum Thema Fußball – nicht wenige davon mit einer hohen ästhetischen Qualität.

In seinem genialen Aufsatz aus dem Jahr 2000 „Die Lust der Intellektuellen am Fußball" zählt der Tübinger Literaturwissenschaftler Jürgen Schröder (79) eine imaginäre Mannschaft auf, mit Protagonisten aus „Kultur und Geistesleben", die nicht nur vom Fußball eingenommen waren, sondern auch darüber geschrieben hatten. Hier seine bearbeitete Formation: Im Tor Albert Camus und Vladimir Nabakov, in der Verteidigung J.P. Sartre, Martin Heidegger, Ödon von Horváth und Peter Handke, im Mittelfeld Walter Jens, Ror Wolf und F.C. Delius, als Sturmspitzen Karl Valentin, Franz Kafka und Nick Hornby. Als Ergänzungsspieler Urs Widmer, Eckhard Henscheid und Hermann Bausinger.

Schröder hatte bereits in seiner Jugend Feuer gefangen und Sport und Fußball waren für ihn Lebensnotwendigkeiten: „Ohne sie hätte ich mein Studium und

Walle Sayer: sonntags Kirche, werktags Bolzplatz.

dann meinen Professoren-Beruf nicht durchgestanden." Ohne Schröder wiederum hätten viele Germanistik studierende Sportstudenten nur halb so viel Gefallen an der Literatur gehabt. Es war ein Segen, diesen fußballbegeisterten und -spielenden Professor als Verbündeten dort im Brechtbau zu wissen.

Seit Mitte der achtziger Jahre hat sich der Erzähler und Lyriker Walle Sayer (54) aus Horb ebenfalls in diese fiktive Literaten-Mannschaft hineingeschrieben. Seine Erzählminiaturen und Prosagedichte, etliche mit dem Thema Fußball, veröffentlicht er im Tübinger Verlag Klöpfer & Meyer. Die Fußballgedichte nähren sich unter anderem aus dem Bildervorrat der Sport- und Spielplätze seiner Kindheit und Jugend. Diese Bolzplätze waren zusammen mit der Kirche die werk- und sonntäglichen Kristallisationspunkte. Ein Beispiel:

# HERBSTNACHMITTAGE

Wiesenkicker, Regenwolken,
hinter den letzten Häusern,
fünf Schrittlängen die Tore,
mit Ästen abgesteckt,
alle tragen Schlamperhosen,
die beiden Jüngsten
dürfen wählen, es gilt:
ein Dicker und ein Brillenträger
für einen Guten, zu wem
hast du gezählt.

Vom Fußball würde Sayer nie loskommen. Das
wurde der Frischverliebten schmerzlich klar, als er sie
1987 erstmals auf einen Fußballplatz schleppte. Sie hei-
ratete ihn trotzdem und wurde Mutter zweier Kinder,
die – logisch – begeistert kicken!

# Kicken für Charlotte
# (KFC)

*Nein, die Mannschaft aus dem Studentenwohnheim Geigerle hat nicht eine US-Fast-Food-Kette als Sponsor gewonnen, KFC ist der Rückgriff auf eine historische Figur. Trotzdem: Für die Geigerle-Kicker sind die Gegner oft eine Nummer zu groß.*

Die Freizeitfußballer von „KFC" tragen ihre Widmung im Mannschaftsnamen. Sie haben es gar nicht nötig, der Freundin, Mami, Allah oder dem Lieben Gott einzelne Tore zu widmen. Sie brauchen keine Fingerherzen zu formen, nicht auf das Wappen an ihrer Brust zu klopfen, ihre Arme nicht gen Himmel zu recken oder umständlich einen eintätowierten Namen auf der kussunfreundlichen Unterarminnenseite abzubusseln. Sie „Kicken für Charlotte" (KFC), für keine Geringere als Charlotte zu Schaumburg-Lippe. Sie war die Gattin von Wilhelm II und damit die letzte Königin von Württemberg.

Im Moment allerdings muss Charlotte auf Tore verzichten. Für die Freizeitfußballer des Studentenwohnheimes Geigerle in der Tübinger Charlottenstraße läuft es nicht wirklich gut. Sie verlieren mehr Spiele beim Uni-Turnier als ihnen lieb ist. Und obwohl Leistung nicht an erster Stelle steht, würden sie gerne mehr Punkte auf ihrem Konto haben. „Es hapert am Torabschluss", sagt Silas Stock (23).

Es fehlen aber auch ihre Fußballkünstler. Bis vor kurzem kickten noch einige Spieler „aus Brasilien, dem Mutterland des Fußballs" (Wolf-Dieter Poschmann) mit. Zusammen mit Stock hatten sie Technik und Taktik des Futsals in ihr Spiel einfließen lassen. Der Student war ein Jahr in verschiedenen Ländern Südamerikas mit christlichen Organisationen unterwegs und hat dort diese Art zu kicken, kennen und lieben gelernt.

Futsal ist oft der Grund, weshalb „die Brasilianer technisch serviert sind" (Andreas Brehme). Unter anderem Pelé, Ronaldo und Neymar sind mit dem kleinen, coolen Bruder des Fußballs aufgewachsen. „Futebol de Sala" wird auf Handballtore ohne Bande mit einem kleineren, aber schwereren Ball gespielt, der eine kontrollierte Ballführung und hohe Ballsicherheit erlaubt. Futsal ist eine fast körperlose und sehr schnelle Variante des Fußballs. Und obwohl die Tübinger Multikulti-Truppe mit Spielern aus acht Nationen von der Raute auf das futsal-typische 2:2 umgestellt haben, bleiben die Erfolge aus. Am Einsatz liegt es sicher nicht. „Ein Kamerad ist trotz Kapselriss angetreten und wurde dann mit Innenbandriss vom Platz getragen", sagt der Student und KFC-Organisator Philemon Schick (22). Ex-Profi Andy Brehme kennt das Problem: „Haste Scheiße am Fuß, haste Scheiße am Fuß!"

Trotz allem ist die Stimmung im Team gut – auf dem Platz und  auch beim verdienten Gerstensaft im Festsaal des Geigerles, wenn der Spieltag analysiert wird. Oft ist der Gegner einfach „eine Nummer zu groß, nicht nur von der Größe her", sagte schon der ehemalige Nationalspieler Bernd Schneider, genannt „der weiße Brasilianer".

## Dieter Baumann!
## Einmal kicken, nix mit Laufen

*Wer an Dieter Baumann denkt, denkt an Kabarett. Oder ans Laufen. Dabei wäre der Tübinger ohne den Fußball-Bolzplatz wohl gar nicht Olympiasieger über 5000 Meter geworden.*

An einem Bolzplatz einfach vorbeizulaufen und nicht mitzukicken, sei immer noch schwer. „Das ist inzwischen aber reiner Selbstschutz", sagt Dieter Baumann (49). „Einmal kicken und ich bin eine Woche lang platt, nix mit Laufen."

Diese Anziehung hat seinen Grund, denn hier hat alles begonnen. „Meine Karriere hat auf dem Bolzplatz angefangen." Ohne Bolzplatz also keinen Olympiasieg? Der Lebensläufer, Blogger und Kabarettist lacht und nickt, schließlich habe er nicht nur in allen Blaubeurer Jugendmannschaften fast jeden Tag der Woche trainiert – „wie verrückt, oft sogar Torwarttraining", sondern auch regelmäßig nachmittags auf einen der zwei Bolzplätze im Flecken gekickt. Die waren nicht nur wichtig für die sportliche Entwicklung, sondern auch eine Schule fürs Leben: Empathie war gefragt. Schließlich mussten die Kicker auch Luschen mitspielen lassen, nur weil sie den einzigen Lederball besaßen oder tütenweise Süßigkeiten ankarrten.

Sein Bruder Rolf und er hatten ein klares Ziel: „Wir werden Profis." Und sie waren überzeugt davon, „genügend Potenz für die Bundesliga" (Steffen Baumgart) zu haben. Rolf Baumann kam tatsächlich zu drei Bundesliga-Einsätzen für den VfB Stuttgart. Und sorgte 1984 bundesweit für Furore, als er mit dem SC Geislingen eine der größten deutschen Pokalsensationen schaffte und den damals nicht nur ruhm- sondern auch erfolg-

Trotz Läuferkarriere oder gerade wegen ihr, fußballverrückt ist er nach wie vor. Foto: Ulrich Metz

reichen Hamburger SV besiegte. SC-Trainer damals: Baumanns Vater Jakob.

Zum Laufen kam Dieter Baumann nur durch Zufall und relativ spät, er war schon 16. Als ihn sein Sportlehrer motivierte, 1000 Meter auf Zeit zu laufen – nicht auf Asche oder Tartan, sondern auf geteertem Untergrund –, brauchte er auf Anhieb keine drei Minuten. Seine „Siegermentalität auch mental rüberzubringen" (Berti Vogts) wollte er fortan nur noch beim Laufen.

Trotz Läuferkarriere oder gerade wegen ihr, fußballverrückt ist er nach wie vor. Und nicht nur er, sondern die ganze Familie. Gemeinsam verfolgen sie Bundesliga, Champions League und Länderspiele – meistens in der Kneipe. „Das Gucken mit anderen, seinen Senf dazugeben oder auch mal das Maul zu halten, hat was von Bolzplatz", sagt er grinsend.

Gibt er dann doch manchmal der Anziehungskraft nach und schnürt die Fußballstiefel? Nur noch sehr selten bei Freizeitturnieren zusammen mit den nach wie vor fußballinfizierten Brüdern, Schwestern und Cousinen, oder in Tübingen beim damals noch obligatorischen Prominenten-Kick während der Französischen Filmtage. Dann schnalzen Mit- und Gegenspieler mit der Zunge und sind vor allem von seiner Schnelligkeit beeindruckt. Die allerdings wissen nicht, dass er bei seinem Olympiasieg über 5000 Meter 1992 in Barcelona die letzten 100 Meter in 11,9 Sekunden zurücklegte. Bescheiden winkt der „weiße Kenianer" ab und zeigt ein strahlendes Zahnpasta-Lächeln.

# Die Rache
## der Rumpelfußballer

*Der Grund, warum Moderatoren immer wieder auf Frei-
zeitfußballer eindreschen, mag an ihren eigenen Unzuläng-
lichkeiten liegen. Nicht wirklich klug, immerhin machen sie
den Großteil der Zuschauer von Fußballübertragungen aus.
Für die Schmerzen, die Kommentatoren den Hobbykickern
zufügen, gibt es glücklicherweise Gegenmittel.*

Schmerzen sind die Tübinger Freizeitfußballer
gewohnt. Die halten sie tapfer aus, auch weil erprobte
und wirksame Gegenmittel existieren: das körpereigene
Endorphin, das gute alte Finalgon und die mehr oder
weniger elastischen Binden. Schmerzen ganz anderer
Art, für die es scheinbar keine Arznei gibt, fügen den
Hobbykickern immer wieder Fernsehmoderatoren zu.
Die personifizierte Blutgrätsche unter den Dampfplau-
derern und zugleich Garant für Fremdschämen ist der
Sportredakteur Reinhold Beckmann. Sein Griff ins
Moderations-Klo ist so verlässlich wie der Tritt seines
Kollegen Wolf-Dieter Poschmann ins Namens-Fett-
näpfchen („Draxler, der jüngste Schalker aller Zeiten,
jünger als Rüdiger Abramowitsch").
Beckmanns Talent für verunglückte Wortspiele
(„Nur der frühe Vogel fängt den Jogi Löw") und
misslungene, pseudo-poetische Ausflüge („Ich sehe
Schwimmen wahnsinnig gern, denn das ist wie
Sport von einem anderen Stern") sind legendär. Jetzt
aber schießt er den „frühen Vogel" ab und diskredi-
tiert alle Freizeitkicker, indem er zusammen mit Belá
Rethy („Auch bei Brasilianern gibt es technische Probleme, zum Trost von allen Hobbyfußballern") unterste
Schubladen bedient. „Manch' Freizeitfußballer hätte
sich dabei die Beine verknotet", tönt der von sich eige-

nommene, aber ungeliebte Schwadroneur, den übrigens der Ex-Torjäger Giovane Elber auch während der WM in Brasilien ziemlich belanglos aussehen ließ. Anstatt die Leistung des Torschützen des Monats November 2014 Dennis Mast angemessen zu würdigen, der mit einer Art Tangoschritt – das Schussbein gekreuzt hinter dem Standbein – ein schier unmögliches Tor erzielt hat, legt Beckmann nach: „Lebensgefährlich für jeden Rumpelfußballer."

Der Begriff mag zutreffend sein für seine eigene „Karriere" („Ich war zehn Jahre Torwart und Links-außen beim SC Twistringen. Wohl kein Zufall: aus-gerechnet die beiden Positionen, wo bekanntermaßen die Bekloppten spielen"), nicht aber für die rund dreizehn Millionen Freizeitkicker – fast doppelt so viele wie Mitglieder beim DFB –, die sehr wohl auch solche Tango-Tricks beherrschen.

Wo wäre denn der von Premiere und SAT.1 wieder in den warmen Schoß der ARD zurückgekrochene Phrasendrescher ohne diese fußballverrückten Freizeitkicker? Ohne sie könnte er die Sportschau wegen Zuschauermangel einstampfen. Und nicht nur die!

Glücklicherweise gibt es doch Gegenmittel für diese Ohren-Schmerzen. Man kann entweder den Fernseher ganz ausschalten, oder aber Fernseh-Bild mit Radio-Ton kombinieren. Die Schmerzen kehren allerdings mit aller Macht zurück, wenn man versäumt, das Radio rechtzeitig abzudrehen, denn Beckmann ist unter die Befindlichkeits-Troubadoure gegangen und hat eine Musik-CD eingespielt. Da versagt sogar die Allzweckwaffe Mobilat.

## „Philosophie des Fußballs"
## auf dem Bolzplatz

*Für den Philosophen Martin Gessmann ist Fußball ein Lebensbegleiter – praktisch und theoretisch. Er war schon „Mit Nietzsche im Stadion" und mit Sky-Experte Franz Beckenbauer bei der WM.*

Tübingen war für ihn das Tor zur Geisteswelt. Gemäß seinem Motto „Mach' immer das, was du noch nicht kannst" hat Professor Martin Gessmann (53) an der Eberhard Karls Universität eben nicht Mathematik und Physik studiert, sondern Philosophie, Germanistik und Romanistik. Seit 2011 lehrt der Philosoph Kultur- und Techniktheorien und Ästhetik an der Hochschule für Gestaltung in Offenbach am Main. Sport – insbesondere Handball, Schach und Fußball – hatte schon in der Schule eine große Rolle gespielt. Auch in seiner Tübinger Zeit war er oft im Sportinstitut und manchmal auf Bolzplätzen zu sehen. Seit Jahren beschäftigt sich Gessmann auch theoretisch mit Fußball und lotet das Verhältnis von Fußball und Gesellschaft aus, in der Kicken längst von der schönsten Neben- zu einer Hauptsache geworden ist. Im Jahr 2011 legte er das Buch „Philosophie des Fußballs" vor. Und pünktlich zur WM 2014, bei der er neben Fußball-Granden wie Beckenbauer Sky-Experte war, erschien sein Buch „Mit Nietzsche im Stadion".

Fußball ist für Gessmann ein Lebensbegleiter: „Sogar wenn man selbst nicht kickt, unsere Biographie kennt die Phasen der Weltmeisterschaften, die unsere persönliche Zeitrechnung ordnen. Fußball hat etwas damit zu tun, wie wir im Leben stehen und die Welt um uns wahrnehmen. Man kann die Rolle des Fußballs kaum überschätzen." Und damit auch die des

Professor Martin Gessmann: „Man kann die Rolle des Fußballs kaum überschätzen."

Bolzplatzes nicht. Er ist Sinnbild unserer ganzen Zeit. Ein Gleichnis, wie sich Können und Glück ergänzen. Davon ist Gessmann überzeugt. „Auf dem Platz erlebt man oft besser, wer man wirklich ist. Fußball ist eine Herausforderung, der man charakterlich erst einmal standhalten muss, zum Beispiel wenn es mal hitzig wird."

Fußball sei so gesehen eine historisch-nostalgische Enklave in einer vollendeten Zivilisation. Der institutionelle Ort, an dem Träume wahr werden, die wir als Bürger der Moderne schon längst ausgeträumt haben, auf der Spielwiese des grünen Rasens aber noch einmal ausleben dürfen.

Der Bolzplatz bekommt somit auch eine gesellschaftliche Funktion. Wie sich die größten Stars nicht zu schade sind, zuweilen Wasserträger zu sein, ist auch der Freizeitfußballer mal Rädchen, mal Fußballgott.

Gessmann: „Wenn man das in der Philosophie gegen-
liest, fällt einem dazu natürlich Aristoteles ein. Seine
erste Lektion war: Der Bürger muss verstehen, dass er
einmal regiert und einmal regiert wird. Erfährt man
eine solche Einsicht auf dem Platz, hat das positive
Wirkungen auf Gesellschaft und auch Unternehmen."

Und er selbst? Welche Rolle spielt er auf dem Bolzplatz? Eigentlich ist er die klassische Sechs, im Moment
aber spielt er „nur im Garten hinter hohen Büschen".
Das hindert ihn jedoch nicht daran, den Traum aller
Hobbykicker zu pflegen: „Nachspielzeit, ich bin in aus-
sichtsloser Position, stolpere, im Fallen treffe ich den
Ball trotzdem irgendwie. In einer perfekten Kurve
fliegt er unhaltbar in den Torwinkel und zappelt im
Netz. Der Schiri pfeift ab. Sieg. Das ist meine Vorstel-
lung, von solchen Dingen träume ich – auch im Leben."

# Danksagung

Von Herzen bedanke ich mich bei allen Hobbykickern und Fußballenthusiasten, über die ich schreiben durfte. Dank an meine eigene Truppe Fußballverrückter, dem AC Vorschuss mit seinem Präsidenten Günter, der immer „die Hand ins Heft nimmt" (Thomas Helmer).

Dank an die Sportredaktion des Schwäbischen Tagblatts, vor allem an Hansi Lösel und Tobias Zug. Mit ihnen gehe ich immer „ganz chloroform" (Helmut Schön).

Sepp Buchegger danke ich ganz besonders für seine fabelhaften Zeichnungen – er ist auch auf dem Bolzplatz ein Mann „ohne Tal und Fehdel" (Jochen Hageleit).

Ohne sie alle gäbe es die Kolumne und damit dieses Buch nicht.

# Über den Autor

**Rainer Imm** ist begeisterter Kicker mit einem Anspruch an Fußball, der zwischen Augentaler und Pelé liegt. Seit seinem Studium ist er in der Unternehmenskommunikation und als Autor tätig. Er lebt, arbeitet und spielt in Tübingen (www.imm-puls.de).